健 康 长 三 角
理论与实践丛书

总主编 严隽琪

走向幸福老龄
上海市老年友好型社区示范案例
第二辑

张录法 高晶蓉 ——— 主编

TOWARDS HAPPY AGING

Shanghai Elderly Friendly Community
Demonstration Case

上海交通大学出版社
SHANGHAI JIAO TONG UNIVERSITY PRESS

内容提要

本书系"健康长三角理论与实践丛书"之一。"十四五"时期是我国实施积极应对人口老龄化国家战略、发展新时代老龄事业的重要战略机遇期。本书以案例的形式展现了近年来上海市各区在老年友好型社区创建方面的特色实践和探索，旨在为后续老年友好型社区创建发挥引领示范作用，为上海市乃至全国提供实践借鉴。全书分为社区服务篇和社会参与篇2个篇章，共19个案例。本书的读者对象为社区工作者和老年事业研究者。

图书在版编目（CIP）数据

走向幸福老龄：上海市老年友好型社区示范案例.
第二辑 / 张录法, 高晶蓉主编. –– 上海：上海交通大
学出版社, 2024.10 –– (健康长三角理论与实践丛书).
ISBN 978–7–313–30874–0

I. D669.6

中国国家版本馆CIP数据核字第2024VN8243号

走向幸福老龄：上海市老年友好型社区示范案例（第二辑）
ZOUXIANG XINGFU LAOLING：
SHANGHAI SHI LAONIAN YOUHAOXING SHEQU SHIFAN ANLI (DI-ER JI)

主　　编：张录法　高晶蓉
出版发行：上海交通大学出版社　　　　　　地　　址：上海市番禺路951号
邮政编码：200030　　　　　　　　　　　　电　　话：021-64071208
印　　制：苏州市越洋印刷有限公司　　　　经　　销：全国新华书店
开　　本：710mm×1000mm　1/16　　　　　印　　张：15.25
字　　数：195千字
版　　次：2024年10月第1版　　　　　　　印　　次：2024年10月第1次印刷
书　　号：ISBN 978-7-313-30874-0
定　　价：79.00元

健康长三角理论与实践丛书
编委会

总主编
严隽琪

编委会委员
（以姓氏笔画为序）

王会儒	邬惊雷	刘　涛	刘庭芳	汤　磊
许　速	李国红	吴英萍	吴建南	张录法
陈高宏	邵新华	范先群	胡　近	姜文宁
高　强	黄　丞	黄　震	康　琳	章晓懿
鲁　翔	魏　骅			

本书编委会

主　编

张录法　高晶蓉

副主编

谢洪彬　罗　津　金　伟

顾　问

桂世勋　葛燕萍

学术委员会成员

徐　园	刘英涛	王　颖	卢中南	刘　涛	曹艳春	裘　文
辛照华	苏忠鑫	宋　锐	贾守梅	费弼弢	张剑敏	吴晓莉
陈　俊	陈以文	蒋　锋	李　力	刘晴暄	顾　霖	朱清亮
许　帅	宋东瑾	励　莹	赵　吉	吴雅茹	王　晶	孙德胜

编委会成员

朱　莹	余美香	王　玥	陈亚萍	林利祥	吕依依	戴亦珏
吴丹红	蒋静文	杨　婷	张逸庭	陆　华	陈丽华	高鹏飞
程　艳	周轶婷	周　静	周　莉	邹　辉	吴梦楠	续　琨
李双最最						

"健康长三角理论与实践丛书" 序

我们每个人既是健康事业的建设者，又是受益者；既改变着健康环境，又受健康环境的影响。习近平总书记在2016年召开的全国卫生与健康大会上强调，要将健康融入所有政策，人民共建共享。2020年2月14日，习近平总书记在中央全面深化改革委员会第十二次会议上又强调，确保人民群众生命安全和身体健康，是我们党治国理政的一项重大任务。这为"健康中国"的实现指明了方向。

"全健康"需要摆脱单一的线性思维，身心兼顾、"防、治、康"并重，"医、工、理、文、体"一体化成为其重要的内涵。因为健康与科学知识、专业技术、药物器械等的进步有关，又与公共服务、金融服务、卫生政策、市场环境等系统的完善密不可分，所以现代健康事业离不开学科交叉、行业创新与全社会的合作，离不开大数据、互联网、精密机械、人工智能等高新技术的日新月异，离不开基层社会治理水平的不断完善，离不开优秀传统文化的挖掘承扬。"全健康"既是国家强盛的表现，更是国民福祉所系。

当今世界，各种要素的流动空前活跃，任何一个人、一个家庭、一个城市、一个省份，甚至一个国家都很难独善其身。在健康这个问题上，人类命运共同体的概念尤为突出。但从概念到现实，需要付出巨大的努力。长三角一体化已成为国家战略，长三角是在中国属于各方面基础条件较好的地方，如何能够在区域一体化方面率先作出探索，多省市协同，让长三角的老百姓尽快获得更普惠的高质量的卫生健康服务，让健康长三角成为健康中国的先行区，并形成经验，对全国的健康事业做出积极贡献，当是长三角的历史责任。

上海交通大学健康长三角研究院在2019年首届健康长三角峰会上宣告成立，这是区域协同、学科交叉的全新尝试，是上海交通大学积极承担社会责任和服务国家战略的充分体现，是该校勇于推进教育改革和开放式办学优良传统的继续。健康长三角研究院成立以来始终致力于贯彻落实"健康中国"和"长三角区域一体化"国家战略，立足长三角、放眼全中国，打造跨学科、跨部门、跨区域的政、事、产、学、研、创、智、用的开放式平台，力争边建设、边发挥作用。

正是基于此，上海交通大学健康长三角研究院决定推出"健康长三角理论与实践丛书"，旨在打造一套符合国情、凝聚共识、总结经验、推进合作的书系。本丛书将全面收集和梳理沪苏浙皖等省市在推动"健康中国"和"长三角区域一体化"国家战略进程中的主要举措、独特优势和角色定位，力图从体制机制、能力建设、人才培养以及风险监管等多个维度为各地推动健康长三角建设提供理论成果与实践借鉴。

期待"健康长三角理论与实践丛书"的推出，对推动健康领域研究，促进长三角健康事业发展，提升人民健康福祉，实现"健康中国"做出新贡献！

尹隽琪

2020年9月

前　言

"十四五"时期是我国实施积极应对人口老龄化国家战略、发展新时代老龄事业的重要战略机遇期。上海市人口深度老龄化目前仍处上升通道,老年人口规模持续扩大,老年人口占总人口的比重逐年上升。随着第二波婴儿潮出生的人口陆续进入老年,未来人口老龄化程度将持续走深、增速更快。满足高龄、独居、失能失智等老年群体的服务需求,不断提升社区服务能级,是实现促进人口高质量发展的重要前提。为此,上海市深刻学习领会习近平总书记关于老龄工作的重要指示批示,以实施积极应对人口老龄化国家战略为牵引,推进老年友好型社会建设,着力建设老年友好型社区,进一步弘扬孝亲敬老传统美德。

国家卫生健康委、全国老龄办先后发布了《关于开展示范性全国老年友好型社区创建工作的通知》《全国示范性老年友好型社区评分细则(试行)》,提出在"十四五"期间,全国范围内每年创建1 000个示范性老年友好型社区,明确了创建的工作任务。从2021年起,在上海市卫生健康委、上海市老龄办的指导下,上海市老龄事业发展促进中心连续三年积极组织开展全国示范性老年友好型社区创建工作,从居住环境、出行设施、社区服务、社会参与、孝亲敬老、科技助老、管理保障等7个方面指导相关社区开展建设,并督导各区开展初评,有序完成复核验收;同时,组织开展上海市老年友好型社区评估与验收,关口前移,为争创全国示范性老年友好型社区奠定了坚实的基础。截至2023年12月,上海已有108家社区被评名为全国示范性老年友好型社区,102家社区被评名为上海市老年友好型社区。

　　本书以全国示范与市级老年友好型社区提交的特色亮点材料为基础，以社会工作案例范式呈现，是上海市近三年在老年友好社会建设的成果。经过多轮次筛选和专家团队反复讨论，入选《走向幸福老龄：上海市老年友好型社区示范案例（第一辑）》的19个案例，分属居住环境、孝亲敬老、科技助老3个篇章；入选《走向幸福老龄：上海市老年友好型社区示范案例（第二辑）》的19个案例，分属社区服务、社会参与2个篇章。每一个案例均着眼于分析背景与动因、深入调查举措与机制、总结创新与成效，进而对未来工作思路及政策建议进行启示与展望。同时，我们也邀请相关领域的专家就每个案例进行系统点评，提炼出案例的深层逻辑和鲜明特点。

一、党建引领、多元融合、同心共建是老年友好型社区创建的核心动力

　　每一个成功创建的社区，往往都有非常强的党组织领导的基层组织，可以说党建引领贯穿在老年友好型社区创建的全过程，赋予了基层社会治理新的生命力。例如，奉贤区庄行镇浦秀村以党的二十大报告提出的"全面推进乡村振兴"为指引，深化"源生浦秀·先锋先行"村党建品牌，凝聚广大党员、乡贤、群众等社会发展力量全面参与乡村振兴，盘活闲置资源，规划建设一体化的"夕阳红—青春里"养老社区，打造医养结合新阵地。浦东新区洋泾街道尚海郦景社区围绕"党建引领，区域统筹，多方参与，自治共治"的理念，通过线上微信沟通与线下微网格治理联动，凝聚起居民自治骨干力量，运用"五步法"建设"云上社区"，将为老服务做进网络社群，营造出人人有序参与的社区氛围。

　　每一个成功创建的社区，往往都能充分聚合资源，一方面挖掘社区内部潜力，调动村居内党员、志愿者、物业方等的积极性；另一方面整合社会各方力量，多元融合养老服务、医疗服务、生活服务等各类资源。例

如，闵行区新虹街道爱博五村社区依托街道各项政策资源，凝聚红色物业、智慧养老、社会组织、社区志愿者等多元化力量，着力打造"吾爱五家—银龄家"品牌特色。青浦区徐泾镇尚鸿路社区构建"1+N"多方共建共联机制，以社区党委（"1"）为统筹，"N"类幸福合伙人"入伙"，将海曼艺校、牵然农场、牙防所、物业公司、餐饮企业、电信公司、银行以及一些培训机构引入小区，从"老有所养"向"品质养老"迈进。

每一个成功创建的社区，往往都有同心共建的议事平台，以人民为中心，以解决问题为导向，实践全过程人民民主建设。例如，长宁区虹桥街道虹储社区形成了"三上三下"工作机制，打造老年人可观、可感的德法融合阵地，形成一"老"一"小"双赢的社区治理。闵行区莘庄工业区瓶安路社区以自治项目认领平台、"瓶安议事厅"自治项目孵化平台，实现居民自治。

二、因地制宜、需求导向、提升能级是老年友好型社区创建的实践路径

上海作为国际大都市，红色文化、海派文化、江南文化交织交融。有些社区属于城市老旧小区，它们结合自身地理位置、人口结构、历史传统等因素，将历史文化与环境改造相结合，小尺度、渐进式进行社区"微更新"。例如，虹口区四川北路街道山一社区保留百年旧式里弄风貌，打造花香弄堂，充分利用党史学堂开展红色学习教育，让老人们生活更宜居、文化更融入。静安区彭浦新村街道第三社区是上海市最早建立的工人新村之一，借助上海市旧房改造政策实施契机，始终坚持小规模、渐进式的"有机更新"原则，历经17年5期多种类型的规划，形成"改扩建""加层扩建""拆除重建"3种改造模式，一体化推进旧改与公建配套设施更新。

有些社区是拆迁安置小区，人员组成复杂，社会、经济、文化背景不同，它们建立健全社区管理机制，丰富居民精神文化生活，鼓励新老居民、外来与本土居民之间形成互助的良好氛围，从"生人社区"到"熟人

社区"，再到"主人社区"。例如，奉贤区金海街道金水苑社区采取"融汇""融入""融合"三融工作法，发动志愿者队伍，打造"港湾式"缘聚空间与"居民自治家园"平台，推出"百姓集市"，实现物理空间的适老共通、新老居民的服务融合，打造"适老""融合"社区。浦东新区航头镇汇仁馨苑社区以自治、共治、德治、法治"四治"为联动手段，通过机制推动、氛围促动、活动带动等方式，实现"一人带动一家、一家带动一楼、一楼带动一社区"，为大型动迁安置基地适老化管理提供借鉴。

有些社区属于农村社区，地理空间大，资源相对较少，它们结合乡村振兴项目，改善农村基础设施，提升农村公共服务，以及加强农村社会治理创新等，探索出"嵌入式"与"互助式"相结合的养老模式。例如，松江区泖港镇胡光村集聚各类服务资源，在生活空间上，打造村内就餐送餐点、社区服务点、长者健身点、健康服务点四大"服务圈"；在社会空间上，加大关爱力度、丰富村居文化、搭建代际沟通桥梁，实现了老人原居安老的美好愿望。浦东新区书院镇外灶村开展农村养老睦邻互助点建设，下好自治、标准、规范的基础"一盘棋"，构建开放、集约、共享的服务"一张网"，拧成共建、共治、共管的治理"一股绳"，作为非正式照料的重要内容，依托乡村振兴完善基础设施建设，将村委会服务大厅现房改造为综合为老服务家园，集合村卫生室、村服务大厅，配备专业为老服务团队，真正实现了让农村老人享受原居安老的美好愿望。

三、老年人的获得感、幸福感、安全感是老年友好型社区创建的永恒目标

获得感就是服务友好，老年群体在生活照料、医疗保健、康复护理等方面能享受便捷的为老服务。例如，长宁区虹桥街道虹东社区布局社区嵌入式养老设施，整合形成集"功能集约化、服务专业化、运营社会化、管理智能化"四大功能特色于一体的综合为老服务中心，开展便利、健康、文体、智慧等四大类26个服务项目，着力实现社区托养、医养结合、家

庭支持、生活服务等"一站式"综合为老服务。徐汇区徐家汇街道乐山二三村居民区充分动员、深度利用周边丰富医疗资源，联合三甲部队医院创立"徐家汇—军医"社区健康服务融合体，每周开展下沉式义诊、科普讲座等，守护社区老人身心健康。

幸福感来自人文友好，通过开展代际活动、敬老爱老宣传、精神关怀等人文服务，营造尊重关爱的社区文化氛围，同时鼓励有能力、有意愿发挥余热的老年人积极参与社会各项事务。例如，宝山区罗店镇天平村紧密联合老龄党员、老年法律顾问、银龄智囊团、老年"乡贤"四方力量，"四力共治"打造老龄社会治理共同体，推动社区共建共治共享。松江区车墩镇祥东社区全面开启"社区众筹"新路径，采取上级政府支持扶助、共建单位积极助力、居民自治创新亮点，推进更深入的治理参与。

安全感来自环境友好，无论是住房适老化改造、无障碍改造，还是交通出行、公共设施，都能够促进社区老年群体积极参与社会活动和享受便捷公共服务设施。例如，普陀区桃浦镇樱花苑社区创新"大金融+自治力"的老小区加梯范本，探索形成"加梯支付宝""电梯维修保险"模式。黄浦区淮海中路街道建六社区，针对老年居民的生理和心理特征，通过社区适老化改造和整体综合改造，强化居住的安全性和环境的舒适性，使老年人获得安全感。

老年人在社区的安居养老，是家事，也是国事。38个案例充分体现了示范社区的模范带头作用，深化了对"老年友好"内涵的理解和认识，提供了社区创新治理的实践范本，讲出了孝亲敬老上海故事，是全力推进老龄事业高质量发展的生动实践，是持续深化人民城市理念的生动实践，是建设具有世界影响力的社会主义现代化国际大都市的生动实践，将为后续老年友好型社区创建发挥引领示范作用，为本市乃至全国提供实践借鉴。

本书在编写过程中得到了上海市老龄办、各区老龄办、相关街镇村居的大力支持，也得到了上海交通大学健康长三角研究院、中国老龄协会老龄科研基地（华东师范大学）的全面支持，在此一并表示诚挚的感谢！

目　录

社区服务篇

打造5分钟美好生活圈，让幸福养老触手可及

　　虹东社区位于虹桥街道东北部，北靠安顺路，东临中山西路，南至虹桥路，辖区内有虹东、虹一2个售后公房小区，总面积约为9.59万平方米，共有居民1 718户，常住人口3 054人。社区老龄化程度较深，呈现出"三多"的特点，即常住老人多、高龄老人多、纯老家庭多。虹东社区60周岁及以上户籍老人共有1 504人，占总户籍人口的50.6%；80周岁及以上高龄老人有328人，独居老人有141人，纯老家庭248户，孤老23人，百岁老人3人。

　　虹东社区在街道重点打造的安顺路亲情美好街区内，小区内各类公共服务设施集聚，有街道社区事务受理服务中心、综合为老服务中心、老年人日间照料中心、长者运动健康之家、虹东卫生服务站、护理站、虹桥敬老院、安顺路小学、育苗幼儿园等。小区周边配套设施完善，菜场、超市、便利店、银行等一应俱全。小区交通便捷，附近有地铁站，还有48路、72路、141路、224路等公交站点，方便居民日常出行。

一、背景与动因

　　虹一小区、虹东小区先后建成于20世纪70年代末和90年代初，当时小区内设有菜市场、粮油店、杂货铺等公共配套设施。随着时代的变迁，这些服务设施逐渐被饭店、小吃店、水果摊等业态所取代，而后跨门营业、环境卫生等问题也给小区居民带来了不少困扰。

　　为了深入了解居民群众的需求，虹东社区通过问卷调查、上门走访、召开座谈会等方式开展调研，排摸梳理出了社区老年群体的高频养

老服务需求，其中"看病不方便"占55%，"住敬老院难"占45%，"好的老年餐少"占36%，"生病照护难"占29%，"品质文体活动"占26%，"想白天安心托养"占23%，"家务干不动"占22%。如何让"烦心事"变为"民心事"，切实提升社区老年群体的幸福感、获得感和满意度，在虹桥街道党工委、办事处的大力支持下，虹东社区建成了一个一站式、嵌入式的养老服务综合体——虹桥街道社区综合为老服务中心（以下简称虹桥为老服务中心），让老年人在家门口就能享受到便捷、专业、多样的养老服务。

图1　虹桥街道社区综合为老服务中心

二、举措与机制

虹桥为老服务中心总建筑面积为3 072平方米，具备上海市社区综合为老服务中心评估最高标准（B类拓展标准）的全部为老服务功能，是典型的社区嵌入式养老服务设施，以"夕阳无限美好，乐享花YOUNG年华"为建设目标，打造"功能集约化、服务专业化、运营社会化、管理智能化"四大功能特色，开展便利、健康、文体、智慧等四大类26个服务项目，着力实现社区托养、医养结合、家庭支持、生活服务等一站式综合为老服务。同时，中心充分发挥"社区养老旗舰店"的作用，与居民区美好生活服务站形成了"一中心、多站点、全覆盖"的5分钟养老服务圈,通过开展下沉式为老服务,向社区辐射形成一张"幸福养老"服务网络,"兜"住老年人最密集的日常需求。

(一) 用心用情,打造适老化友好环境

虹桥为老服务中心在建筑设计上综合考虑老年群体的怀旧情怀、与周边环境适配等因素,建筑外立面选择了"海派风格",红砖墙面搭配米黄色立柱,加上酒红色的圆顶雨棚,体现了浓浓的"老上海"风情。除了在建筑风格上独具匠心外,中心还在室内软装设计上下功夫,紧扣让老年朋友们"乐享花YOUNG年华"的美好愿景,中心的每个功能室都是以"乐"字命名的,比如康乐卫生站、悠乐茶餐厅、友乐微学堂、智乐微展厅、长乐日间照料中心……希望每一位老年朋友都能以快乐年轻的心态享受幸福养老生活。中心的软装主题是"幸福像花儿一样",每层都有一个分主题、主题色、主题花。其中,一层是"遇见爱",绿色康乃馨的花语是"健康长寿",体现中心孝亲敬老的浓厚氛围;二层是"发现爱",蓝色绣球的花语是团结美满,体现中心友爱互助的人文环境;三层是"感受爱",橙色向日葵的花语是像太阳一样温暖绽放,体现中心乐观积极的价值导向。

虹桥为老服务中心将适老化理念融于细节之处,全域配置了适老化家具,其中有多项荣获国家专利。比如:卫生间的蝴蝶记忆台盆带有红色标识,方便老人识别并抓握边缘;镜柜的镜面可调节角度,满足轮椅老人的使用需求;桌椅边角都有倒圆处理,避免老人磕碰。中心室内设置了三级导览导视系统,字体大小、高度、色彩都优先考量老年群体的需求。中心全域都安装了高清监控系统,还引入了智能床垫、紧急呼叫、电子围栏、智慧叫车、适老化健身器材、电梯控制等智能设备,在提供专业便捷服务的同时,守牢安全底线。

居住在虹东社区的顾奶奶是为老中心的铁杆粉丝,经常来参加适老化兴趣班。"我从退休后就一个人住,每天都想着怎么消磨时间。自

图2 中秋节前夕，老人们在虹桥为老服务中心制作中秋香囊欢度佳节

从来这里上课、参加活动，每天都觉得很充实，再也不觉得孤单了。"顾奶奶早已把这里当作她的第二个家，每天都会和她的老伙伴们在为老中心度过丰富多彩的一天。

（二）资源融合，提供一站式养老服务

为解决老年群体社区养老的急难愁盼问题，虹桥为老服务中心一体化融合各类服务资源，包括居家—社区—机构资源融合、政府—社会—市场资源融合、医疗—养老—教育—体育资源融合等，一站式面向各类服务对象。中心一层提供综合养老服务，设有老年助餐点、卫生服务站、护理站、居家养老服务站、美好生活服务站、养老顾问站、智慧养老微展厅、心乐空间等功能区，其中"心乐空间"是街道创新打造的上海市首个长者运动健康之家，也是长宁区首个体医养融合示范点；二层提供机构养老服务（上海虹桥敬老院），设有保基本养老床位；三层提供日间照护服务，设有认知障碍家庭支持、日间照料、康复运动、科技助老、助浴护理等功能区,可以满足多样化、多元化、专业化的养老服务需求。

　　同时,虹桥为老服务中心发挥"医养结合"的优势和特色,率先推出了卫生站、护理站和居家服务站"三站合一"模式,在服务上互补,在场地上共享,积极探索全链条照护体系,联动养老、卫生、医保条线部门,实现医养护康深度融合。虹东社区卫生服务站是虹桥街道社区卫生服务中心下设的标准化服务站点,内设西医全科、中医全科、中医针灸推拿、康复治疗四大科室,服务辐射周边7个居民区,打通了养老、卫生、医保等服务。为了方便居民取药,虹桥为老服务中心还内设了药房,180余种常见药可以直接在中心配取,不用再跑到社区卫生服务中心。护理站为社区失能、失智或长期卧床的老人提供42项养老护理服务,包括27项日常照护服务和15项医疗照护服务。居家养老服务站为社区90周岁及以上户籍老人提供上门家政、助浴、理发、扦脚、量血压、测血糖、推拿理疗等项目化服务,缓解了高龄老人家庭的照护压力。

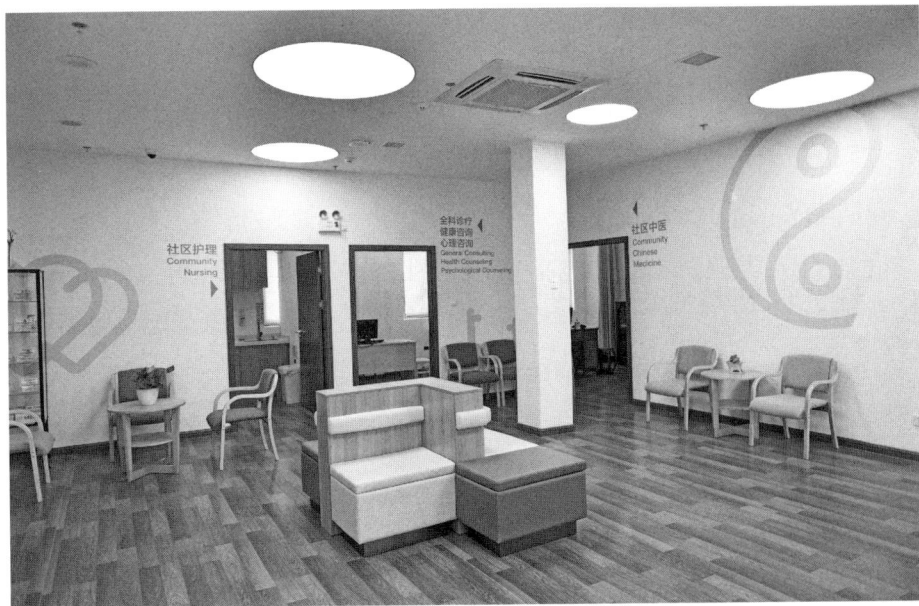

图3　康乐卫生站

居住在虹东社区的陈奶奶已80岁了，她是20世纪80年代初搬到虹一小区的，一住就是40多年，也见证了社区的发展和变化。她总说现在小区越来越好了，老年人的幸福指数很高，看病、吃饭、健身、办事在虹桥为老服务中心里就都能解决。她签约的家庭医生每周都会来中心的卫生服务站坐诊，她看完病后还可以直接在中心药房拿药，一次就能都搞定。"袁医生对我的身体情况特别了解，每次都会提醒我要注意些什么，有他在就很放心，我们老年人年纪大了，能在小区看病配药真的很好。"陈奶奶笑着说。

（三）专业赋能，引入社会化运营管理

通过多年的探索和实践，虹桥为老服务中心逐步形成了以"枢纽式管理、项目化合作、志愿化服务"相结合的社会化运营模式。中心整体委托一家专业的养老服务机构负责日常运营管理工作，第三方在做好中心枢纽式管理的同时，还负责中心老年助餐点、虹桥敬老院、老年人日间照料中心的服务，提供养老政策咨询、老年助餐、日间照护、机构住养、文化教育等服务项目。中心其他养老细分领域的专业服务，以政府购买服务、场地合作、公益创投等方式，引入10余个具有专业优势的社会组织或第三方机构开展项目化合作。此外，中心还积极探索互助式养老服务，依托"沪助养老时光汇""老伙伴计划"等公益助老项目，切实提高老年志愿服务参与度。

三、创新与成效

虹桥为老服务中心自2019年启用以来，接待了来自全国各地的参观、调研共计224批次、2 970人次，接受各类媒体采访报道共计236次，收到锦旗68面、感谢信216封。2019年5月，中心作为上海市养老服务工作现场会观摩点，接待了前来调研的上海市委、市政府领导及各区县、各相关部门主要负责同志。2020年7月和2021年5月，中心代表先后2次接受中央电视台等近30家中央媒体集体采访，并在央视《新闻联播》等栏目播出。

（一）强化团队，促进服务能力提升

在抓好中心建设的同时，街道还进一步强化街居两级养老服务队伍建设，通过开展养老政策、养老资源链接、服务项目推介等业务培训，打造了一支懂政策、善沟通、精业务、会服务的家门口养老顾问团队，将惠老政策、贴心问候、适老项目、暖心服务等送到老年人身边。2021年，虹桥街道作为上海市居家环境适老化改造扩大试点的街道之一，在虹桥为老服务中心内打造了长宁区首个居家环境适老化改造实景展示体验厅，做到宣传到位、服务到位、责任到位，让有需求的老年人在家门口就能直观感受到适老化改造带来的专业、便捷的服务。虹东社区的陆爷爷家里的老式浴缸存在一定的安全隐患，每次洗澡他都担心会跌倒。居委老龄干部在了解到这个情况后，带着陆爷爷来到了为老中心的"智乐微展厅"，对照着"浴缸改淋浴"的实物场景，仔细地为他讲解居家环境适老化改造的申请流程、补贴政策、服务包内容，在听了老龄干部的介绍后，陆爷爷当场提交了改造申请，专项改造很快就完成了。像陆爷爷这样的老人还有很多。自2021年以来，在街居两级养老服务工作者的共同努力下，街道连续3年在全区率先完成适老化改造目标，共完成改造216户，市场化率达41.80%。

（二）服务下沉，完善养老服务网络

中心还充分发挥枢纽平台作用，持续开展下沉式为老服务，把一批老年人喜闻乐见的养老服务项目配送到居民区的家门口养老服务站（美好生活服务站）、老年人互助睦邻点、失能失智等困难老年家庭，如"剪爱驿站"老年失智干预服务、"大篷车进社区"便民服务、"情暖足下"困难老人扦脚服务、"孝行虹桥"中医保健服务、"智多星"老年智能手机使用培训等，有效扩大了服务半径和受益面，年均服务0.52万人次。同时，中心持续深化"三站合一"医养结合模式。卫生服务站成立了全市首家"认知障碍特色家庭医生工作室"，开展认知障碍筛查，共

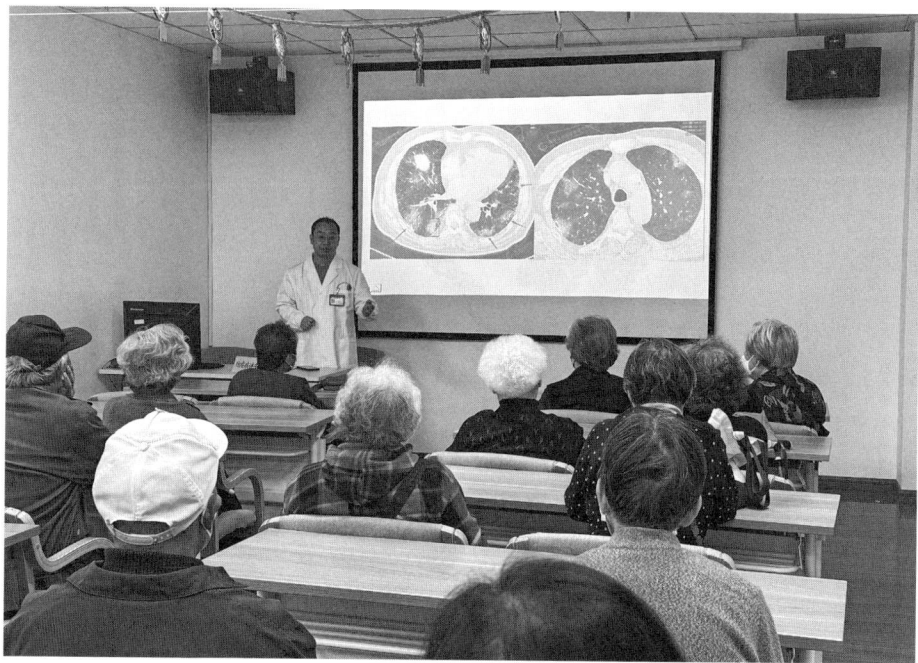

图4　家庭医生为社区老人举办保健讲座

筛查了1.243 1万人次。虹东社区内设置了家庭病床29张，让行动不便的老年患者及其家属在家有"医"靠。家庭医生定期在中心举办保健讲座，提高老年人自我健康管理意识，截至2023年12月底，共服务502人次；护理站为近200名失能失智老人提供长护险护理服务，总计服务9.24万人次；居家养老服务站为134名90周岁及以上老人提供上门养老服务，总计服务1.05万人次。

（三）整合资源，搭建助老服务平台

多年来，虹东社区依托为老服务中心平台，充分发挥老年协会分会的作用，组织开展法律咨询、文化教育、团队展示等"金色晚霞"系列活动，截至2023年12月底，共计服务0.46万人次；开展"老伙伴计划"项目，13名低龄老年志愿者与65位高龄困难老人结对关爱，总计服务3.744万人次；成立"爱心编织"手工班，近20名志愿者每年编织围巾、毛线帽、毛线袜等"温暖心意"，赠送给社区孤老、高龄独居老人等特殊

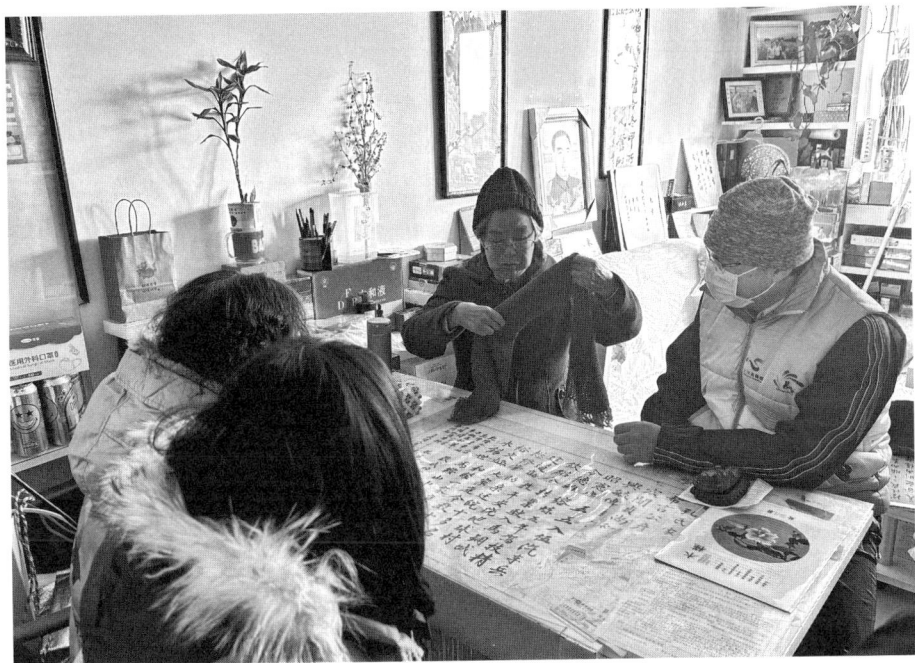

图5　为社区困难老人送上"爱心编织"手工班亲手织的围巾

对象，总计服务257人次；开展"幸福养老亲情帮"服务项目，为行动不便的老人上门理发、扦脚，3年来共服务0.163万人次；每月在社区老年活动室开展2次免费法律咨询服务，每季度开展1次法律讲座，共服务300余人次，切实维护老年人合法权益。虹东社区还联合结对企业共同关爱重点老年群体对象，比如，与美国邦吉公司（BUNGE）代表在中秋节共同走访关爱15户特殊老年家庭；与上海市眼病防治中心联合开展"架起彩虹桥　科普进社区"爱眼护眼义诊活动；发动长宁区检察院等爱心单位长期与社区11位困难老人结对关爱；敬老节期间结合街道"爱心订制"活动，帮助24位困难老人实现"微心愿"。

四、启示与展望

在以虹桥为老服务中心为骨干，打造居民区美好生活5分钟幸福养老圈的基础之上，虹东社区下一步将在以下2个方面继续发力，以实现社区为老服务事业高质量发展，持续满足老年人在社区宜居宜养宜乐的美好愿望。

（一）持续深化社区嵌入式养老服务

下一步，虹东社区将持续深化社区嵌入式养老服务模式，聚焦"一老一小"两个"最柔软"群体，发挥党建引领作用，进一步整合各方资源，切实扩大各类公益服务参与面和受益面。同时，依托虹桥为老服务中心阵地、资源、服务优势，联动社区内美好生活服务站、老年人互助睦邻点、虹东孝亲园等公共空间，积极构建"人人参与、人人负责、人人奉献、人人共享"的社区治理共同体，实现共建共治共享，让5分钟美好生活圈更有活力。

（二）推动家门口养老服务提质增效

聚焦社区为老服务短板，注重引入更多专业力量，在医养结合、体养结合、康养结合等方面有新突破。同时，在社区探索打造更多智慧健康养老应用场景，以数字化赋能家门口各类养老服务阵地能级提升，让"小阵地"发挥"大作用"，推动虹东社区养老服务由"从无到有"向"从有到优"发展，满足更多元化的养老服务需求，切实提升社区老年群体的幸福感、获得感和满意度，让幸福养老在家门口触手可及。

（报送单位：长宁区虹桥街道虹东社区）

专家评析

虹东社区作为上海典型老旧小区的缩影，同中心城区的其他居民区一样，面临着深度老龄化和老年人对社区高品质养老生活的期待与现实中为老服务供给的不匹配、不均衡这样一道难题。在创建全国示范性老年友好社区的道路上，虹东社区以老年人为中心，紧紧抓住他们的"烦心事""操心事""揪心事",以虹桥为老服务中心为骨干,以居民区美好生活服务站为支撑的5分钟幸福养老圈规划蓝图,深挖潜力,深耕社区嵌入式养老服务设施建设,构建了"医养、智养、托养、文养、体养"五养结合的多元化、全方位、便捷可及的为老服务综合体系,让每一位长者都能在其中找到乐趣,充实养老生活,扩大社交圈,满足了老年人在社区宜居宜养宜乐的美好愿望,在实现社区为老服务事业高质量发展中有了很好的探索成效。同时,社区还打造了一支懂政策、善沟通、精业务、会服务的家门口为老服务团队,在为老服务过程中能将惠老政策、贴心问候、适老项目、暖心服务及时送到老年人身边。该案例体现的经验做法特色鲜明、覆盖面广、可操作性强、可持续性好,且成效明显,具有很好的推广价值。

金　伟

上海市健康促进中心　副主任医师

从都市生活"洼地"到品质养老"高地"：
让社区老人更"乐活"

徐家汇乐山二三村位于上海市中心徐家汇商圈中心，在20世纪80年代末，由政府规划建设。从棚户区到新建公房，乐山经历第一次蜕变。公房建成后的社区，占地面积达58 900平方米，居民总户数1 320户，常住人口3 624人，60岁以上老人有1 427人，约占社区总人口的39.4%；65岁老人1 012人，约占社区总人口的27.9%。其中，独居老人77人，80岁以上老人195人，空巢317人。小区失独老年家庭有11户，失能老年人有7人。

一、背景与动因

乐山二三村传统的空间规划布局，给社区居民的生活带来了诸多的问题。

一是公共活动区域有限。乐山二三村仅有一间30多平方米的居委会活动室，又位于三楼，老人参与活动不便；与小区一墙之隔的"迷你公园"，常被拾荒人员占据，堆放回收的各类杂物，"脏乱差"的环境与上海市中心徐家汇商圈的繁华景象格格不入。二是居民住房面积逼仄。乐山二三村居民住房单套建筑面积最大的是47.88平方米，最小的仅19.83平方米，人均住房面积不足5平方米。三是生活文明程度不高。衣物随意晾晒在电缆及树木上，各类杂物占据了楼道、绿地空间。四是小区规划预期不足。小区停车位紧张，不能满足社区居民的需求，"乱停车"的矛盾日益显现。五是特殊人群占比较多。居民中呈现出老人多、残疾家庭多、低保家庭多、大病致贫困境家庭多的特征。

从2018年开始,立足老人多的特点,徐汇区徐家汇街道的乐山区域滚动推进联片式老旧小区一体化治理,党组织牵头、条块融合、干部下沉、社区统筹,共抓民心工程、共建党群阵地、共做群众工作,破解一系列老小区治理难题,形成党建引领基层治理的"乐山样本"。政府对老旧小区的综合治理规划的落实,又一次惠及小区居民,同时,也为同步提升"为老服务"模式打好基础。经过三年攻坚改造,乐山二三村焕然一新,经历第二次蜕变后成了老年人期待的品质养老"高地",登上中央电视台《新闻联播》头条。

为了让生活在这里的老人真正"乐"在其中,在徐家汇街道党工委、办事处的指导下,乐山二三村居委会创建"老年友好型社区",通过服务功能提升,居民广泛参与,形成社区养老的良好氛围。

二、举措与机制

以建设"老年友好型社区"为目标,建立"5分钟养老服务圈",满足老人对于居住品质和精神生活的双重需求,以环境改造、外部资源链接为抓手,以乐享"五情"推动老人整体提升精神面貌,营造宜乐、宜养、宜居、宜学的老年友好型社区,让老人真正"乐享"晚年生活。

(一)数字有温度,乐享"时代情"

丰富老年综合服务体(邻里汇)内涵,充分运用"云科普、云辅导、云问诊、云党课"四大云端服务科技设备,惠及老人。

1. 云科普

开设数字讲座、智能手机使用课程,让老人熟悉视频通话,小区的"马大嫂"们学会了网购;同时,秉持"数据多跑腿、群众少跑腿"的服务理念,街道社区事务延伸服务点、远程帮办系统试点,为老年居民们就近提供政务服务。

2. 云辅导

通过云辅导,让百余名60岁以上的老年党员们学会使用智能手机,社区党员"学习强国"的参与度得到提升。77岁的老党员老俞2020年下半年才接触"学习强国"学习平台，比身边的党员同志们晚了近2年，因为他当时用的手机只有通话功能。学用智能手机成了一道"坎"，通过"云辅导"平台，他主动向工作人员和其他党员虚心请教，直到将"学习强国"的积分规则和各个板块内容熟稔于心。他的个人最好成绩是一日答题答对786题，能力爆表，全部通关。这位"银龄学霸"津津乐道："学习的过程就是长知识的过程，让人更充实、更满足，精神更富有。"

图1   2023年1月15日，乐山邻里汇内社区老人学习"一网通办"社区应用辅导

3. 云问诊

智慧网络、智能设备让老年人不出社区就能通过"云问诊"与辖区内的上海市胸科医院等三甲医院的专家视频会诊，特别是在后疫情时期，邻里汇携手胸科医院为老人们开办"疫情下保护好我们的肺功能"线上直播问诊，胸科医院肺功能科的主任医师针对有基础病的老年人如何预防及治疗新冠后的疑难杂症进行讲解，并与老人们交流"阳康"后的康复调理，让老人们不再"谈阳色变"。

4. 云党课

AR平板开启云党课,更有VR体验,沉浸式感受一大会址、知名博物馆等资源,让老年居民们足不出小区便可畅游红色线路,感怀历史,追寻红色记忆。

(二)军地共联盟,乐享"鱼水情"

街道社区主动对接,与海军特色医学中心、海军第九〇五医院、上海长海医院、上海长征医院、上海东方肝胆外科医院等5家三甲部队医院联合创立"徐家汇乐山—军医"社区健康服务融合体,11名优秀青年军医被聘为青年健康大使,每周半天下沉社区开展义诊、科普讲座,守护社区老人的身心健康。每次义诊服务就有百余名老年居民受益。

为迎接人民海军74岁的生日,5家成员单位在2023年4月先后安排骨科、肾病内科、耳鼻喉科、口腔科、中医科、老年医学科、呼吸科、肝胆外科、肿瘤放疗科等知名专科医生,在小区内开展义诊,惠及300余名

图2　2023年3月30日,在乐山绿地徐家汇街道联合沪上5家部队医院成立"徐家汇—军医"社区健康服务融合体

社区居民。一位老伯咨询了几个不同学科的专家后高兴地说："平时看一种病就要等半天，今天一下就能咨询好几个科室，真是太好了。"居民廖阿婆说："我咨询了我腰疼的情况，医生帮我分析了原因，还给我指导了一些家中可以做的康复动作，提醒我注意保暖，亲切有耐心，希望他们能多来。"

（三）近邻有情谊，乐享"邻里情"

小区内成立10余年的"老伙伴"志愿者队伍现有6位平均年龄64.5岁的热心"小老人"，与社区中独居、高龄、困难的28位老人结对。特别是陆素锭老人加入志愿队伍后，10年如一日地与社区内5位困难、高龄、独居老人结对。2022年，陆素锭参评并荣获上海市百名"老伙伴"志愿者。

在"老伙伴"志愿者队伍的影响下，居民区的爱老助老志愿服务从"等靠要"到"挖潜能"，如自主开展丰富的代际互动、邻里帮互助等社区各类活动。在老伙伴志愿者们的影响下，小区内邻里互帮蔚然成风，楼内充满了邻里关爱，你家盐没了，你家煤气打火电池没电了，楼内居民自会相互帮忙，哪家有困难，楼组群里讲一声，左邻右舍都会积极回应并帮忙。

（四）共商显民主，乐享"参与情"

乐山二三村居民区共有居民代表101人，楼组长46人，通过居民代表会议带动老年居民参事议事，楼组长带动开展"清洁家园""美丽楼道""共商社区微更新"等活动，通过居民代表和楼组长带动小区中约1 500名老人参与12条"乐字诀"公约制定，产生了小区的8位意见领袖"长者智囊团"。居民代表和老年智囊团聚焦为老服务功能提升、适老化改造、加装电梯、设置方便子女回来探望的"孝心车位"等问题，乐山绿地的长凳也因为老人们的建议，现在也加装上了舒适的靠背……在社区微更新的带动下，社区面貌的每一步更新都展现了全过程人民民主自治。

　　由于居住空间局促，老人们喜欢捡邻居家装修扔掉的旧椅子、旧凳子，放在楼道门口休憩用，与车流、人流交织，非常不安全。为改变这个现状，在小区综合治理改造中，特意在绿化角开辟了一块空地，配置长椅、茶几，共建单位中国联通捐赠了遮阳伞，"一桌两椅"为老年居民的邻里互助、谈心谈话、心情疏导提供平台，成为小区老年人常去的"爱晚角"。

图3　2021年7月27日，乐山邻里汇内居民代表签署加梯仪式

（五）服务有聚焦，乐享"颐养情"

1. "老底子"传统服务

　　在数字化、自媒体飞速发展的当下，传统服务渐渐淡出年轻群体的视野，而老人们依然怀念上海的"老底子"：缝纫撬边、修换拉链、修鞋修伞、配钥匙、理发及线下用现金缴水电煤费等这些社区老人们期盼但难觅的便民服务，也现身乐山党群服务站，因服务环境好、管理规范、收费合理，成为老人们最爱的"宝藏小站"。

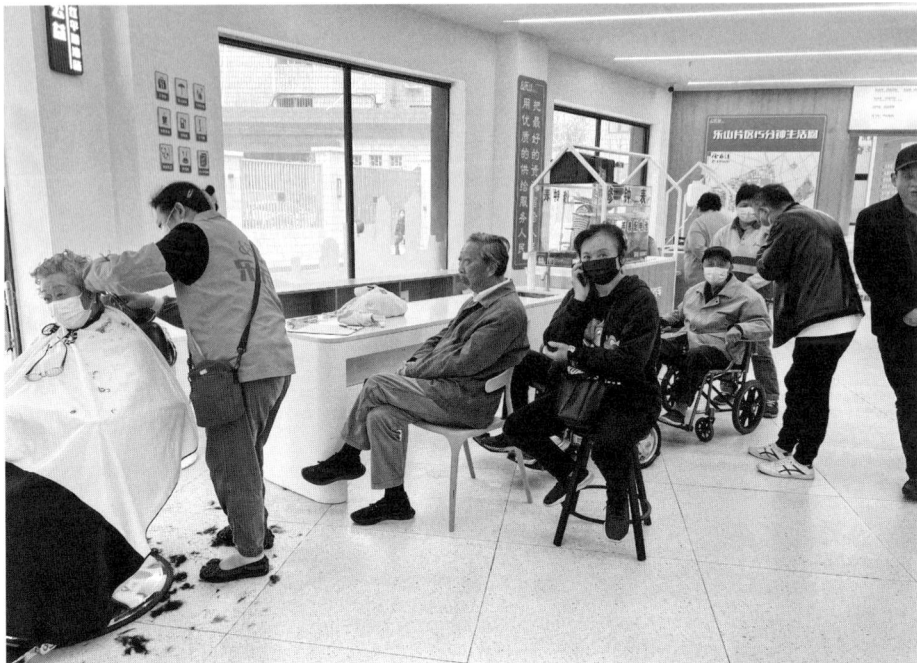

图4　2023年3月15日，乐山党群服务站为社区老年人提供便民服务

2. 医康养融合服务有成效

针对老年人反映比较多的膝骨关节病痛问题，乐山二三村居委会联合徐家汇街道和社区卫生服务中心对接搭建医康养融合服务机制，为210名骨关节炎老年患者开展膝骨关节X线检查筛查和跟踪服务，并根据老年患者膝骨关节炎临床表现进行分级康复诊疗。通过康复筛查、分层分类康复诊疗以及2年跟踪随访，有126人的症状得到了改善，手术治疗20人。医康养融合"康复筛查与跟踪服务"让老人们的获得感和幸福感大大增强。此服务项目荣获2023年度上海康复医学科技奖。

3. 智慧+专业化照护

社区通过长护险服务智慧系统，链接长护险服务提供方、居民家庭和医疗机构，共为小区53位老年人提供居家照护、医疗诊断、健康管理等远程和辅助技术服务，满足了他们就医、照护等方面的需求。

三、创新与成效

通过老年友好型社区创建,乐山二三村逐渐形成完善的为老服务体系,获得了社区老人的高度认可。

（一）"乐生活",老年生活有保障

1. 构建三级供餐体系

社区通过1个街道级助餐中心送上门、1个家门口助餐点保基本、1家社区长者食堂提品质,构建市场资源齐参与的社区老年助餐服务网络。依托邻里汇、居委会活动室空间,为社区有配餐需要的60岁以上老人提供助餐服务。

2. 优化社区长者食堂

社区在由传统菜摊改建升级成的海上鲜·众乐山市集内,同步开设了乐山片区社区长者食堂。社区老人们在家门口可以公益价格享用优质餐品。食堂还推出了老人就餐优惠政策,为不同年龄段老人提供折扣,自开业以来,食堂日均用餐量在700客左右。

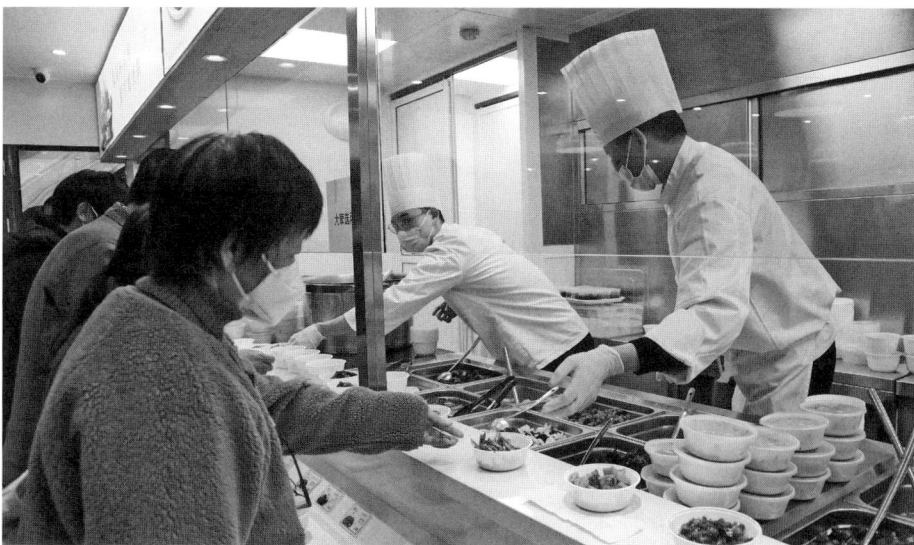

图5　2023年3月20日,乐山社区长者食堂社区老人排队就餐

（二）"乐提升"，就医养老更便利

1. 医养

社区推进了"徐家汇—军医"社区健康服务融合体项目的落地，胸科医院、国妇婴等2家专科医院的资源下沉，为老年居民提供定期义诊、优质医疗服务及就医指导。

2. 舒养

居民区建立了乐心小站—片区一站式物业管理服务中心，提供优质物业管理服务，提高居民的居住满意度。为有效延展乐山片区老年友好型的辐射效应，社区通过反复协调，由区政府牵头在虹桥路天桥架设无障碍电梯，加强乐山片区与徐虹片区的居民服务互动及互补。

3. 智养

社区充分盘活片区资源，通过一张便民服务地图、一套远程帮办服务机制、一份智慧养老大礼包（智能烟感等四件套）、一片认知障碍症友好环境的打造，努力树立乐山片区老年友好型社区的时代新典范。

（三）"乐参与"，精神生活更充实

小区由原来只有松散的2支文体团队，发展为现在的10支各具风范的老年文体团队，拥有活跃的老年成员184名，极大地丰富老人们的社区生活。

1. 文艺范

社区文体团队经常组织形式多样的活动：乐舞蹈成员舞动夕阳，舞动精彩；乐合唱成员连续两年参与喜迎祖国华诞，共享国庆喜面；"乐衍纸"的成员们通过一双巧手变废为宝，并把作品参加社区基金会公益活动，义卖所得全部反哺社区；乐编织成员织就帽子、毛衣，送到社区独居困难老人的身边，温暖了老人，增进了邻里温情。

2. 风尚范

小区环境美化也是老年团队关注的重点。乐清洁从最初的几个人发展到今天的几十人，风雨无阻地参与每周四清洁家园活动以及美丽

图6　2022年9月28日，乐山二三村合唱队喜迎国庆、共享喜面

楼道的建设中；乐种植在满足基本种植的前提下，维护小区内共建单位捐赠的花架绿植，定期浇水施肥。

3. 民主范

社区的民主管理和民主治理，也是老年人生活中的一个重要部分。随手公益让居民的精气神焕然一新，引导和鼓励更多的老年人积极参与社区治理。社区老人们从原先对社区事务漠不关心甚至"对着干"，转变成"跟着干、一起干"。为减少对附近居民的打扰，通过议事讨论，小区内的健身器材搬到了围墙外的空地上，老年志愿者们还自发维护秩序，提醒街坊邻居"健身也不要影响他人"。

四、启示与展望

通过老年友好型社区的创建，乐山二三村已经形成老年友好深化创建"乐"在其中和"三宜"＋"三圈"，初步构建了老年友好的"5分钟为老服务圈"。

（一）"宜居"新生态，让老人拥有"朋友圈"

通过街区博物馆、开放式公园绿地、便民服务驿站的设立，三位一体打造社区老人高品质休闲生活场景，让老伙伴们一起乐憩街头、社交健身。通过社区能人达人、退役军人、衍纸特色班等志愿团队，整合力量参与疫情防控、文化活动、公益义卖等反哺社区，增强了老年人的社区荣誉感。

（二）"宜养"新体系，让老人享有"康养圈"

通过启动"壹心为老"乐山片区建设，以及首创"徐家汇—军医"社区健康服务融合体项目，乐山居民区为老年人引入优质医疗资源，促进军地联动，增进军民情谊；联合社区卫生服务中心开展膝骨关节炎社区康复分级管理、康复中心建设等，让老人享有家门口的优质康养服务。

（三）"宜乐"新动能，让老人享有"生活圈"

社区依托老年综合服务体（邻里汇）、乐山党群服务中心，新建老年支持中心；依托璀璨生活节品牌，引导社会多元主体参与，倡导爱老敬老社区风尚；组建商企敬老联盟，让老人们乐享公益便民服务、法律政策、理财知识、购物优惠等生活福利；通过党组织引领、服务功能提升、自治民主参与，实现社区与老人的"双向奔赴、互相点赞"。在"璀璨idea为老服务民意调查"中，老年居民对乐山二三村的为老服务工作给予了一致好评。

这些年，社区通过一系列优质为老服务，取得了一定的成绩，得到了居民的认可。

一是荣获一批先进荣誉。乐山二三村居委会荣获了2022年上海市老年友好型社区、2021年上海市妇女之家示范点、2021—2022年上海市提高级妇女之家；2020年和2022年度徐家汇街道优秀居委会。

二是涌现一批社区典范。"康复筛查与跟踪服务"荣获上海康复医学科技奖。社区中还涌现全国最美"社区工作者"、上海市劳动模范余美香；上海市百名"老伙伴"志愿者陆素锭、徐汇区道德模范林慧琴等。

　　三是各级领导的肯定。全国妇联副主席、民政部副部长、香港议员代表团、市老龄事业发展促进中心领导、四川省老龄健康发展中心领导、上海各街镇等先后来此调研考察，年参观人数约4 000人次。

　　下一步，社区将以创建"老年友好型社区"为起点，进一步完善"5分钟养老服务圈"，从而满足老人对于居住品质和精神生活的双重需求，以环境改造、外部资源链接为抓手，乐享"五情"推动老人整体提升向善向美、团结友好、感恩反哺的精神面貌，营造宜乐、宜养、宜居、宜学的老年友好型社区，让老人真正"乐享"晚年生活。

（报送单位：徐汇区徐家汇街道乐山二三村居民区）

专家评析

　　乐山二三村地处上海市中心的核心区域，但由于是老旧小区，面临着基础设施陈旧、公共活动区域有限、社区配套严重不足、社区管理难度大等各种问题。社区借助徐家汇街道的乐山区域滚动推进连片式老旧小区一体化治理，通过党组织牵头、条块融合、干部下沉、社区统筹，破解了一系列老小区治理难题。特别是积极对接政府对老旧小区的综合治理"美化环境""美丽家园"的规划，同步提升"为老服务"整体水平，乐山二三村的为老服务工作焕然一新，逐步建成了老年人梦想中的品质养老"高地"。创建"老年友好型社区"只是起点，下一步社区要通过服务功能提升，动员社会广泛参与，形成更加浓厚的爱老、敬老、睦老的社区养老氛围，使"乐山模式"成为中心城区老旧小区适老化改造和老年友好环境建设的样板。

卢中南

上海复医老龄健康研究中心　常务副理事长

打造养老服务网络，让养老变享老

月浦镇月狮村位于宝山北翼，现有7个村民小组，户籍人口806人，外来人口约2 600人，60岁以上村民占常住人口的比例超过1/4。月狮村三面环水，东至杨盛河，西至新塘河，北至顾泾河，由7个自然宅组成，村域面积达1.034平方公里。月狮村从2004年起连续14年荣获"上海市文明村"称号，2019年成功创建上海市美丽乡村示范村，2020年获评全国文明村、首批全国村级"乡风文明建设"优秀典型案例，2021年成功创建上海市第三批乡村振兴示范村，2022年获全国示范性老年友好型社区、全国乡村旅游重点村、全国农民体育健身活动基地等全国性荣誉称号。

图1　月狮花海俯瞰图

一、背景与动因

由于月狮村独居、留守老人相对较多,随着身体机能的老化,加上自身角色地位、健康状况及家庭关系等因素的影响,老年人容易产生焦虑、孤独、抑郁等心理健康问题,但常常由于自身缺乏专业知识而难以进行调节和主动干预。经调查,有35%的老人认为,子女长期在外工作,不想麻烦他们;有25%的老人是感觉会给子女和亲友添麻烦;有17%的老人与子女同住;2%的老人失去基本生活能力,需要他人照料。调查数据说明,养老服务的提供不仅需要改善老年人的养老环境,更要从心理健康和精神文化生活入手,为老年人构建健康、积极的养老环境,让老年人心态上积极、精神上富足、生活上幸福。因此,在"原居安老"理念的主导下,关注老年人心理健康,提高养老服务的人性化、精细化水平,打造让老年人生活有滋有味、多姿多彩的老年友好型社区的重要性进一步凸显。

二、举措与机制

为让村内老年人实现"原居安老",月狮村在硬件提升和软件提质上下功夫,围绕力度感、安全感、获得感、幸福感、成就感探索"五感"养老服务,不断织密养老服务网络,打造老年友好型社区。

(一)**发挥党建引领,促进工作持续进展,强化老年友好的"力度感"**

月狮村党支部切实发挥党建引领作用,借助乡村党建微网格,用好党员联系户制度,结合以"走百家门、知百家情、解百家忧、暖百家心"的"四百活动",以村里老人全覆盖为原则,畅通联系村里老人的"最后一百米"。

为避免工作盲区,村两委在党员干部日常走访联络之外,还组织人员在村内进行系统的走访排摸,关注到村内老人较为普遍的苦恼:一是希望居家养老能够更加便利。例如,农房年代较远,灯泡坏了、水管裂

图2　党员联系户"四百活动"

了，子女不在身边难免需要自己动手，老人腿脚不便，反而增加了许多"微隐患"。二是子女回家少，难免感到寂寞无聊，希望多些活动丰富老年生活。了解到老人的需求后，月狮村党支部召开了老年人友好型社区建设专项会议，书记牵头成立专项工作推进小组，建立责任到人、明确到事的工作机制，敲定了以人文友好、精细服务为导向的建设方案，从升级服务设施、精细养老服务、丰富精神生活、发挥银发余热等方面多管齐下，建设老有所养、老有所依、老有所乐、老有所安的家门口养老服务网络。

（二）升级服务设施，努力构建宜居家园，切实增强老人的"安全感"

让老人住得舒心、用得安心是高质量社区养老服务的基础。

在居住环境方面，月狮村为有需求的老年人提供住房阳台加固、无障碍扶手安装等适老化改造和维修服务，降低老年人的居家生活风险。同时，定期开展独居、高龄、重疾等特殊家庭老年人用水、用电和用气等设施安全检查,对老化或损坏的设施及时进行改造或维修,排除安全隐患。针对老年人反映的物业修缮难题,村委会在博采众言、广集众智的基础上,推出了便民物业修缮队服务,免费为村民提供水电设施上门修缮服务。为了更好地服务本地老人,物业修缮队由具备维修资质、熟悉本村情况的村民组成,不仅有利于村民就近就业,还让物业服务更加本土化。为了规范服务内容、提升服务质量,村委会在进行服务回访和满意度调查的基础上,进一步推出了便民物业管理制度,建立维修台账,明确维修范围、维修事项、费用免除范围等,让为老服务更加规范化、精细化。

在服务设施方面,月狮村依托党群服务站、党群服务点和新时代文明实践站,改建睦邻点、理发室、棋牌室、老年活动室等为老设施4处,修建休闲凉亭1处、3A级厕所1处、生态步道500米,实现人车分离,为老年人打造了安全舒适、宜居宜乐的生活环境和休闲休憩场所。

图3　月狮村花海步道

（三）优化服务举措，建立健康关爱体系，精准提升老人的"获得感"

建设老年人健康支持服务体系是提升老年人获得感的有效途径，也是让老年人保持健康积极心态的重要方式。月狮村根据村内老龄人口的实际情况，推出个性化老年人健康服务。为10名90岁以上老人和17名独居老人建立健康档案，联系养老院或居家养老服务，并在春节、重阳节等节日入户探访慰问。为了提高健康服务水平，与村卫生站、社区卫生中心等专业化机构合作，定期开展大肠癌筛查、眼科检查等服务，打造便利可及的基层医疗卫生服务。同时，还通过积极引入上海第九人民医院的公益医疗资源，不定期开展泌尿科、口腔科等专家爱心义诊活动，让老年村民在家门口就能享受到顶级医疗资源，及时发现老年人的健康问题并进行干预。2023年，为积极应对调研过程中老年人广泛提及的心理健康问题，促使老年群体加强对自身心理健康的关注，月狮村还开展了老年人心理关爱专项工作，启动了65岁以上老年人全覆盖的心理健康筛查评估、科普宣教及综合干预，为每一位老人建立了心理健康台账，加强对重点群体的关心关爱，为村内老年人提供暖"心"服务。

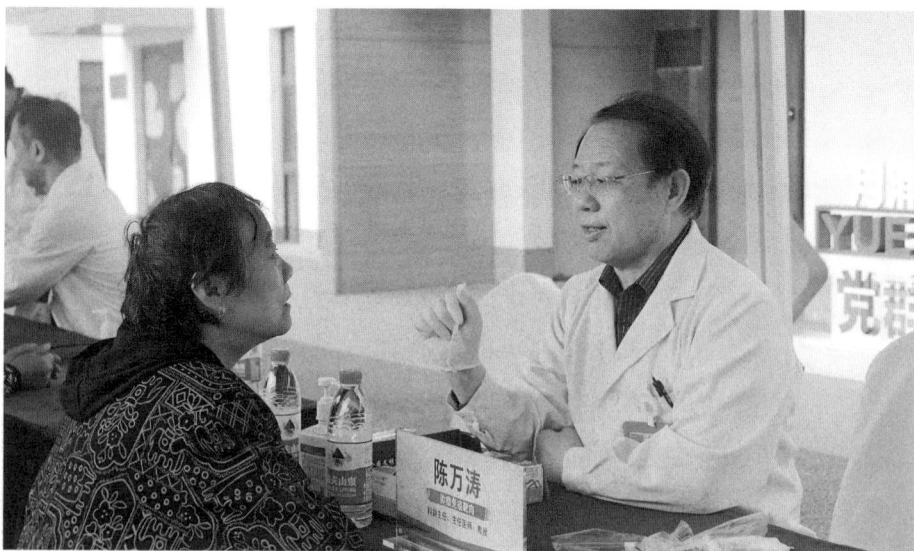

图4　爱心义诊

　　为方便高龄、独居等特殊老年群体就餐，月狮村将老年助餐服务纳入2023年的"我为群众办实事"项目，在综合活动中心升级方案中精心设计了一处老年助餐点，为老年人提供味美实惠的餐食，全力保障老人"舌尖上的幸福"。在日常联络走访过程中了解到部分老人腿脚不便并有助餐需求后，月狮村又进一步优化了助餐项目，为老年人提供个性化、定制化的送餐上门服务，保障老年人的营养均衡。

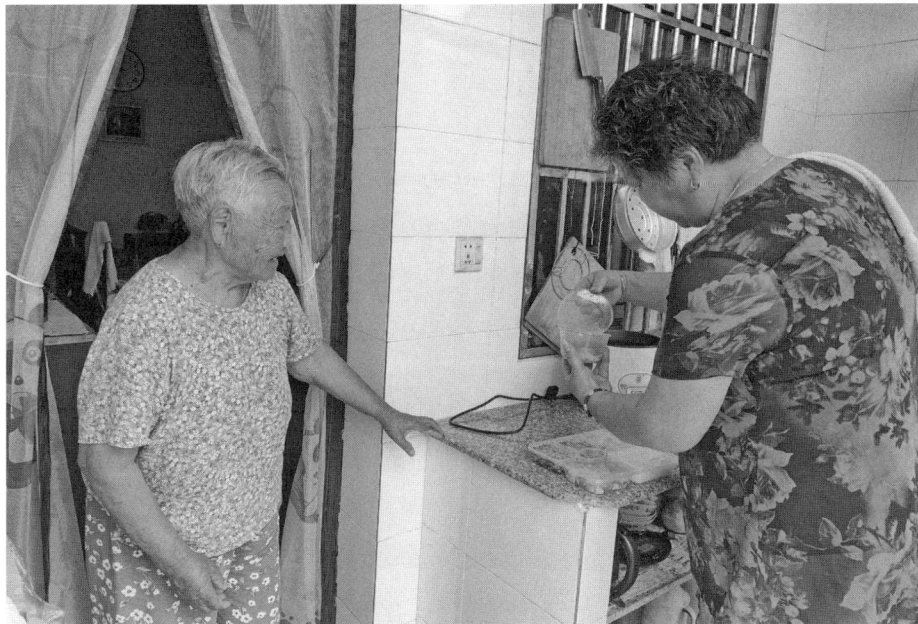

图5　送餐服务

（四）开展文体活动，丰富精神生活，有效增强老人的"幸福感"

　　依托新时代文明实践站，满足老年人多元化的文体活动需求。村委会积极挖掘村民的才艺特长，组建了一支具有月狮特色的龙狮队伍。在村委会的支持和推动下，中老年村民广泛热情参与，月狮村龙狮队在市级比赛中多次获奖。利用由闲置农房改造的非物质文化传习点文化苑开展非遗竹编、中国结制作、手绘提包制作等公益手工活动，实现老有所学、老有所乐。

为支持村民自发组织开展广场舞、趣味运动会等体现月狮村农趣农味的体育活动，月狮村将村内广场舞台翻新纳入为民实事项目，旨在为老年人提供优质、安全的健身环境。结合月狮特色办好优质民俗活动，组织老年人在传统节日开展草头饼、馄饨、汤圆制作等民俗活动，有效丰富老年人的文化生活，加强农耕文化传承保护。结合时令节气，村委会定期为老年人开展戏曲下乡、养生操、太极拳教学等文体活动，为老年人康养提供优质资源。

图6　老年居民参与非遗手工活动

（五）发挥银发余热，积极倡导老有所为，不断增强老人的"成就感"

为了引导离退休党员离岗不离党、退休不褪色，村党支部在组织常态化、网格化开展党员联系户工作中，让党员意识强、群众基础好的老龄党员成为工作带头人，了解民意、反映诉求、解决难题。在组建常态化志愿者队伍时，优先考虑选用村内"有公心""有能耐"的老年村民，让其以"乡村治理员"的身份就近参与巡逻监督、纠纷调解、垃圾分类等治理工作，继续发挥作用、创造价值。同时，还鼓励熟悉情况、群众认可的老人参与村内矛盾化解和法治宣传工作，与村内人民调解员一同排查化解矛盾纠纷，做到"小事不出村、矛盾不上交"，让老年人也能够参与乡村治理的方方面面，发挥银发余热。

三、创新与成效

月狮村养老服务突出数字赋能和心理关怀。跨前一步引入心理评估服务，精准有效开展心理干预，为关爱老年人心理健康提供数字支撑。用好睦邻点、议事亭等公共空间，在满足老年人多元需求的同时，发挥"银发力量"，让老年人老有所学、老有所成。

（一）数字赋能暖"心"服务，服务跨前一步、精准配送

为了给老年人提供更加便利、全流程的心理健康服务，月狮村借助信息化平台为村内老年人开展一对一心理健康筛查。在筛查评估区，评估员们通过医联体App为老人开展一对一筛查，通过多维度心理测评问卷对老年人开展测评，同时通过记忆大挑战、舒尔特方格、简便运算题等趣味游戏，对老年人的认知功能进行多维度评估。在氛围轻松、

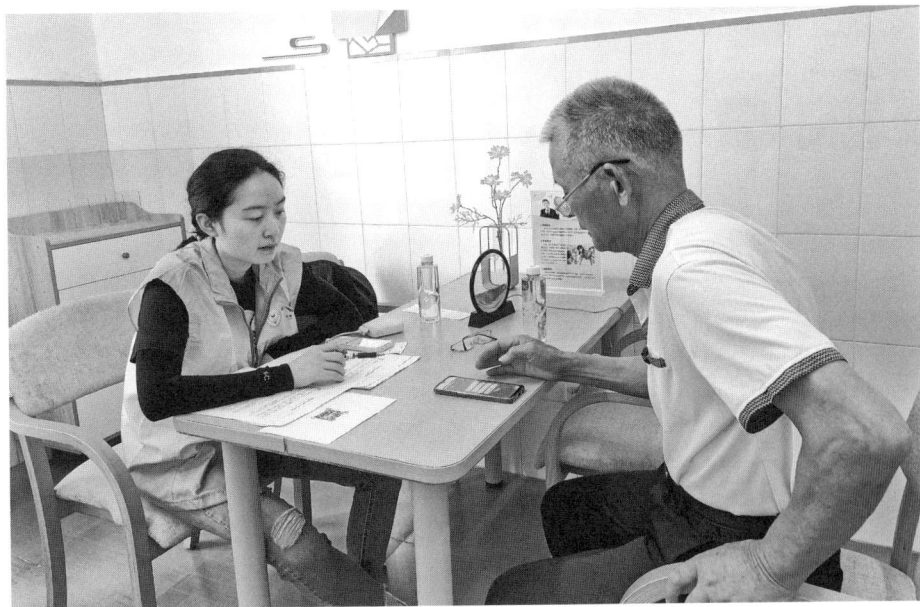

图7　老年心理评估

耐心细致的交流和询问中，评估员能够迅速准确地为老人的状态评分，并为每一位老人建立心理健康档案台账，为后续心理健康分析提供有效数据支撑，再由专业医师根据电子量表数据为老年人提供一对一的个性化心理健康建议和知识科普。根据检测结果，评估结果显示轻度焦虑、抑郁的有11人，占比为6.7%。对于中高风险人群，开展各类心理干预活动12场，包括各类健康讲座、心理沙龙、文体活动以及器具干预等，让村内老年人对心理健康的关注度普遍提高，在日常生活中也更加注重心态调节和身心健康。对于重度焦虑患者，通过支部结对形式，了解老年人的难处并及时予以解决，消除他们思想上的后顾之忧。2023年12月，再次对60岁以上人群进行了终期评价，采用人工智能系统，对人体的12大系统以及各项心理指标进行检测。检测结果显示，老人们的心理状态较之前有明显改善，焦虑和忧郁指数下降。

（二）睦邻点内和气融融，汇集传统技艺、美名佳话

为进一步拓展服务功能，满足村民的多元化需求，将幸福感延伸到

图8　月狮美食制作

老年村民的身边，月狮村整合多方资源，在闲置仓库中通过合理规划，设置多功能活动空间，打造花海木屋、文化苑等睦邻点，开展村民喜闻乐见的睦邻活动。美食坊中，阿姨们制作的传统农家美食形成了月狮村独有的风味，也将蕴藏在其中的农耕文化代代相传。在成功创建乡村振兴示范村后，月狮村吸引了大量游客前来游田园野趣，品农家美食，阿姨们手工制作的这些小吃成为一份特别的"乡村伴手礼"。

（三）议事亭中畅所欲言，实现邻里互助、民主自治

月狮村将乡间凉亭改造为"议事亭"，开放式氛围既符合乡村特性，也为老年人参与议事带来了便利。在老龄党员的带头组织下，老年村民们定期相聚，既可倾诉家中的困难，互帮互助商讨解决方案；也可以随时商议涉及村民切身利益的"疑难杂症"，发挥银发余热；还能够及时反馈服务体验，让村委会能够第一时间改进和优化服务体系，让老年人享受到更加贴心、精细的养老服务。例如，物业修缮服务推出后，受到村民的广泛好评。有老人表示："一个电话，物业马上上门，为老年人省了不少力，也更安全了！"也有不便出行的老年人在凉亭议事时提出，希望维修队能够进一步提供代买材料服务。村委会第一时间拓展了服务范围，并进一步规范了代买材料等工作制度，让老年人实实在在地享受了精细化、个性化的物业服务。通过这种形式，经验丰富、富有情怀的老年人在乡村治理中发挥了示范带头作用，让群众自治的形式更加丰富多元，也唤起了广大村民的"主人翁"意识。

四、启示与展望

养老服务必须细心、耐心、真心，下足绣花针功夫。老年友好型社区建设不仅要在养老、助老的硬件设施上下功夫，更要关注老年人的心理需求，提升"软件"，切实丰富老年人的精神文化生活，为老年人的幸福生活打造暖"心"氛围，让"养老"变为"享老"。未来，月狮村将以老年人心理关爱为重点，从三个方面持续优化工作：一是建设家庭医生

驻村工作站，联合驻村医生不定时地上门为老年人提供心理健康和医疗服务。二是继续利用线上线下平台，广泛宣传老年人心理健康知识、健康饮食、健康锻炼等健康生活知识。组建健康宣传小组，深入村宅关心关爱老年人的业余生活。三是不断推进老年友好型15分钟生活圈建设，创新居家社区养老服务模式，不断增强老年人的获得感、幸福感、安全感，为老百姓提供全生命周期康养生活。

（报送单位：宝山区月浦镇月狮村）

专家评析

　　上海市宝山区月浦镇月狮村为老服务工作最鲜明的特点是"高度关注老年人的身心健康问题"并加以干预。这也是老年友好型社区"以人为本"的工作核心。村党支部切实发挥党建引领作用，借助乡村党建微网格，用好党员联系户制度，结合以"走百家门、知百家情、解百家忧、暖百家心"的"四百活动"，畅通联系村民的"最后一百米"。在做好为老服务设施改造、开展形式丰富的文体活动之余，借助信息化平台为村内老年人开展一对一心理健康筛查，对老年人的认知功能状况进行多维度评估，并为每一位老人建立心理健康档案台账，再由专业医师为老年人提供一对一的个性化心理健康建议。月狮村在关注和提升老年人心理健康方面，已有较为顺畅的工作模式和干预措施，具有一定的推广价值。

刘　涛

上海市白茅岭医院　院长

内外兼修：开辟乡村为老服务新赛道

  葛隆村位于上海西北角，与江苏太仓城厢镇接壤，村域面积达1.47平方公里，共8个村民组，总户数391户，户籍人口1 050人，其中60岁以上的老人有576人，占总户籍人口的54.9%，80岁以上老人占本村老人总数的14.9%。

  明成化年间，时任嘉定知县吴哲于葛隆创市，故称吴公市，后因"桥西葛藤茂盛，桥东生意兴隆"而得名。它见证了商业集聚、上海解放、工业兴盛、农业集中等多段历史，是上海村庄发展的"活化石"。数百年的商业繁荣孕育了葛隆村独特的文化底蕴，形成了"老河、老街、老宅、老树、老庙"五宝文化遗产。然而，岁月的侵蚀使这个曾经繁荣的小镇逐渐沦为破旧的村落，环境较为脏乱差，缺乏可以开展为老服务的场地。尽管如此，由于一辈子的生活习惯已经深入人心，大多数老年人选择继续留在葛隆村。因此，村里的常住户籍人口中95%以上都是老年人，老龄化程度逐年加重，适老化改造的需求逐年增加。

一、背景与动因

  调研发现，"五宝"——老河、老街、老宅、老树、老庙对于乡村文化来说是"瑰宝"，但对老年生活来说却是一道"枷锁"。老河，为盐铁塘，自汉代吴王刘濞开凿以来就承载了商业繁荣的基础。自20世纪70年代新盐铁河裁弯取直后，盐铁塘不再作为航道，河道降级以后因缺乏维护资金导致盐铁塘两侧杂草丛生、垃圾遍地，严重影响了老年人的居住体验。老街，因盐铁塘而兴盛，高峰时期，短短200余米的老街上拥有100多家商户。然而，随着航道的变更，商户纷纷搬离，原有的老街商铺

图1　2017年葛隆村盐铁塘整治前

改为出租屋后,违章搭建和飞线充电问题愈演愈烈,存在着严重的安全
隐患。老宅,为老街区域内的9幢不可移动的文物保护点,但它们同样是
20余户村民的宅基地,受《中华人民共和国文物法》的影响,村民无法对
自己的住房进行更改翻新,百年房龄让居住风险剧增,大部分村民选择
空置搬离。老树,为2株古银杏树,其中一株有400余年树龄,受古树保
护条例的影响,古树周边村民无法落实住房改造,同文保点村民一样大
都选择空置搬离。老庙,为一座具有550余年历史的药师殿庙宇,周边被
村民住宅包围,这一状况导致老年人到老庙参加祈福活动时非常不便。

二、举措与机制

如何保留独有的"五宝"文化遗产,同时改善老年人现有的居住环
境一直是村委重点考虑的问题。针对这一需求,葛隆村会同上海同济
大学建筑系和上海广镜设计院共同绘制村庄规划,在保留文化底蕴的
同时,以工业减量为主合理布局产业空间,以保留改造为主有效提升公

共服务,以水系林地结合美化村域生态环境,以保留修复为主延承葛隆人文历史,以移、原、换、修结合落实村民住房更新,以整修新建结合完善公服配套。结合文保点收储和修缮,完善文化体验设施,打造特色"老街";结合"老宅",引入特色民宿与综合服务功能;依托"老庙",引入中草药体验园;亮化"老树",讲述红色文化和抗战历史故事,延续乡

图2　2019年葛隆村盐铁塘整治后

图3　2023年葛隆村太平桥老街风貌

愁；通过"老河"串联多项功能点，激发滨水活力，形成以"五宝"为核心，丰富多彩的原乡生活体验，把葛隆村打造为延续乡愁的上海市级保护村、体验乡情的上海乡村旅游门户和凝聚乡里的共建共享先行地。

（一）以改善外部环境为载体，加强美丽家园建设

一是基础设施。投入880万元改造主要道路2条、次要道路3条、村宅道路17条，总计长度达3 800余米，安装路灯200余只，实现照明全覆盖；投入1 080万元实施农村生活污水纳管工程，且另外投入173万元进行雨水管道改造工程，葛隆村生活污水处理率达到100%，实现污水纳管全覆盖，老年人告别了"倒马桶"时代。

二是水系景观。投入1 033万元对长泾河、小娄塘河及老盐铁河进行河道整治，总计整治河道2 120米，并将小娄塘河打通，3条河道呈"工"字形与盐铁河环通，后续又投入456万元完善盐铁河景观河道建设，建成环河步道2 100余米，打造老年人饭后散步的绝佳地点。

三是公共厕所。在人员密集区域投入248万元对村内6座公共厕所进行改造，并达到《公共厕所规划和涉及标准》三类标准，为老年人提供便利。

四是住房改造。农村住房改造，老年人是主力军。为调动老年人的积极性，葛隆村向上级政府申请500元/户的改造奖励资金，同时与上海天功设计院签约，根据老年人需求提供"一揽子"设计方案，道路全面拓宽、户厕全面改造等，全方位解决老年人居住需求，截至2023年年底已落实178户住房改造，改造率超过50%。

五是"五违四必"。为腾出公共空间，葛隆村于2016年投入5 000余万元开展"五违四必"整治行动，全面淘汰劣势企业，这些企业有的经营畜牧臭味扑鼻，有的产生噪声扰民，通过拆违腾出的公共空间，给村庄公共设施提供建设空间。

六是林地公园。投入1 068万元对"五违四必"整治后的空闲用地进行绿化改造，建成沪宜公路沿线绿化景观10 000平方米、林地公园

34 000平方米、村民广场800平方米,并落实专人养护,保障村庄绿化的常青常绿。

(二) 以做实内部服务为抓手,加强服务能级提升

一是公共服务。强化与外冈养老院的共建合作,深入探索为老服务体系建设,投入300余万元改造村委会和老年活动室,打造"一门式办理""一站式服务"综合服务平台,提升为老年人办事的效率,并逐年增加公共文化产品和服务供给,通过农村数字电影、送戏下乡、戏曲采购及各项赛事,保障老年人周周有活动可参与。

二是健康服务。与外冈镇卫生服务中心开展共建合作,对村卫生服务站进行改造,开展"健康赶集日"特色活动,健全健康服务体系,提高老年人与"家庭医生"签约率,同时结合"药师殿"阵地建设,将健康维护融入文化建设中。

三是便民服务。为进一步提升乡村治理能力,提高为老服务水平,葛隆村成立老有所为、老有所乐的村民自治组织。组织老木匠、老铁匠、泥水匠等具有一定技能的村民,成立老管家服务队,维护公共环境,

图4　葛隆村党群服务中心

提供乡村便民服务，帮助特殊困难老年人。

（三）以服务便利可及为目标，加强服务阵地打造

一是打造文化阵地。将逸敏楼打造成为共建共享的新型乡村邻里中心，中心内设学习室、历史文化室、邻里交流点等，具体包括学思笃行室、慈舟往事屋、葛隆睦邻点、直播小课堂、葛隆读书屋、农家灶头间、淳美客堂间、我家阅空间、友邻议事厅，开展丰富多彩的公共文化活动。

二是打造活动阵地。将葛隆文化嘉园作为村里精心规划的社区文化活动中心，包含卫生服务站、舞蹈室、图书室、棋牌室等。秉持以人为本的理念，从老年人的需求出发，提供丰富的公共文化服务。

三是打造文明阵地。深挖葛隆村"抱团养老"故事内涵，打造"逸敏楼"文化阵地，讲好"抱团养老"的典型案例故事，深入弘扬"孝老爱老敬老"等家庭文明新风尚。

三、创新与成效

葛隆村在为老服务体系建设方面进行了一些探索与实践，取得了一定的实效，先后获得国家森林乡村、上海市美丽乡村示范村、上海市文明村、上海市学习型乡村等荣誉称号。从这些年村庄的变化上可以看到，人居环境的不断改善，回村居住的老年人越来越多，乡村为老服务体系更加完善，老年人的获得感、幸福感、安全感进一步增强。

（一）外部环境做到"风貌延承、村宅更新、配套完善"三个方面

一是重视风貌延承，全力打造葛隆九景。紧扣葛隆现有"五宝"资源特点和村庄发展核心问题，重点聚焦葛隆九景的打造，分别是睦邻家园、慈舟印迹、太平威狮、福佑安康、烟火老街、盐铁怀古、银杏瑞苑、铭义水畔、农耕趣园。

二是推进村宅更新，分类推进农居组团。首期76户睦邻坊组团翻建已全部入住；近期102户睦邻坊、水畔居和田林宅房屋更新也全部交房；远期通过文保点收储、局部村民平移等方式，推动文韵里老街的风貌更新。

三是加快完善配套设施，丰富老人活动场所。按照15分钟生活圈要求，全面完善党群服务中心、文化活动中心、乡村邻里中心、新时代文明实践点、小微网格服务点和村民之家等公共服务设施。为了进一步

图5　2023年葛隆村睦邻家园风貌

图6　2023年葛隆村民之家九九重阳节活动

丰富乡村文体生活，重点推进葛隆印记撰写和村史展示厅建设，打造铭记历史、体验文化、展望未来的文化场所。

（二）内部服务做好"综合服务、健康服务、文化服务"三项服务

一是综合服务。与外冈养老院共建合作，深入探索为老服务体系建设，"一门式办理""一站式服务"综合服务平台有效提升了为老年人办事的效率，利用现代化信息技术平台公开村务，调动老年人的监督积极性。

二是健康服务。通过与外冈镇卫生服务中心的共建合作以及村卫生服务站的改造，有效提升了乡村卫生服务能级，老年人的"家庭医生"签约率达到100%；结合"药师殿"阵地建设，打造中医药文化品牌。葛隆村已成功创建上海市健康村。

三是文化服务。村史展示厅通过真实地记录葛隆形成过程、保存珍贵的历史文化遗产、展示独有民俗民情和历史记忆，凝聚家园意识、增强家国情怀，更好培育文明乡风、良好家风、淳朴民风，提高乡村社会文明程度，焕发乡村文明新气象。

（三）服务阵地打造"河西邻里中心、河东活动中心"两个中心

河西逸敏楼邻里中心和河东文化嘉园活动中心一西一东、布局合理、资源共享，实现一体化运营，为老人提供便捷、舒适、全方位、多层次的公共服务。逸敏楼已打造成为共建共享的新型乡村邻里中心，楼内的活动功能丰富。每周在逸敏楼开展各类不同的活动，例如唱歌课堂、书法课堂、阅读沙龙等，丰富了老年人的文化生活，充分调动他们的参与热情，弘扬了中华传统美德。葛隆文化嘉园是村里精心规划的社区文化活动中心，卫生服务站则提供基本医疗服务，关心老年人的健康。舞蹈室、图书室、棋牌室等开设了形式多样的文化活动，丰富村民的业余生活。各种设施布局合理，活动开展顺畅，文化嘉园已经成为老年人休闲、交流的重要场所。

图7　2023年老人们参观改造后的逸敏楼

四、启示与展望

随着回村居住的老年人越来越多，他们用实际行动做出了选择。这也是为老服务体系建设继续提升的动力，必须把乡村为老服务这条新赛道走宽走实，打造新时代乡村样本。

一是延续抱团养老慈舟故事，传承敬老爱老传统美德。为弘扬中华传统美德，积极打造文明和谐的乡村老年友好社区，葛隆村在逸敏楼改造中注入了丰富的文化内涵。逸敏楼背后的养老故事富有人情味，展现了村民互助友爱、积极乐观的精神面貌。1999年，70岁出头的蒲逸敏和老伙伴们在这里"众筹买房，抱团养老"，建立了"慈舟养老院筹办处"。20多位老人每天用土灶烧饭，从深井打水，分工协作，简单、热闹、惬意。随着年龄的增长，老人们陆续离开，蒲逸敏成为最后一个离开这栋小楼的人。最后，她把老楼捐给了村里，慈舟故事得以在村里继续流传。

二是持续建设江南特色村落，提升老年村民生活品质。文化嘉园的建设提升了村民的文化素质和生活品质，也为葛隆村的发展注入了新动力。文化嘉园是葛隆村打造富有江南特色村落的重要基础。文化嘉园丰富了村民的精神文化生活，优化了人居环境。它还向外发挥示范作用，提升了村落形象和影响力。文化嘉园为村民提供了一个展示自我、提升生活品质的平台，也为村落发展提供了源源不断的动力。它推动葛隆村在弘扬乡土文化传统的同时，又与时俱进地走在乡村发展的前列，是村落可持续发展的重要支撑。

三是继续提升为老服务阵地，开展各类传统文体活动。开展让老年人真正感兴趣的活动，促进老年友好型乡村内外兼顾，真正在乡村实现老有所养、老有所依、老有所乐、老有所安，为乡村在全国示范性老年友好型社区建设的探索实践中提供参照样本。

（报送单位：嘉定区外冈镇葛隆村）

专家评析

上海市嘉定区外冈镇葛隆村拥有独特的"老河、老街、老宅、老树、老庙"五宝文化遗产。"五宝"对于乡村文化来说是"瑰宝"，但在一定程度上也给老年生活带来了不便，更在环境改造上多了一道"枷锁"。针对这个特点，葛隆村会同专业部门共同绘制村庄规划，在保留村庄文化底蕴的同时，整修新建结合，完善公服配套，改善老年人现有的居住环境。既做到外部"风貌延承、村宅更新、配套完善"，又做到内部"综合服务、健康服务、文化服务"内涵延伸，完善为老服务体系，打造"河西邻里中心、河东活动中心"两个阵地，使全村老年村民均可便利享受到养老服务，织密"15分钟养老服务圈"服务网络。本案例在保留文化遗产的同时，进一步提升全村老年人的获得感、幸福感、安全感，在发挥老年友好型社区"样板间"作用方面，具有一定的推广和借鉴意义。

刘　涛

上海市白茅岭医院　院长

看病不难居家心安，持续打造
新时代"为老服务综合体"

环东中心村地处浦东"东西城镇发展轴"和"南北创新发展廊道"的交会节点，毗邻张江科学城核心区和上海自贸区张江片区，是张江镇唯一的规划保留保护村。全村现有户籍人口4 609人，外来人口7 870人；户籍人口中60周岁以上老年人超1 500人，占比超过30%，纯老家庭有75户，独居老人有39人，是一个老龄化程度较高的农村社区。环东中心村紧扣新时代养老事业发展的新要求、新趋势，积极打造"养老类型全涵盖、工作对象全覆盖、养老服务全链条"村级养老服务体系，充分实现托养、康养、医养、文养、体养"多养融合"，完整涵盖机构、社区、居家3种养老形态，于2022年获评上海市老年友好型社区。此外，环东中心村曾获评全国文明村、全国生态文化村、全国绿化千佳村、上海市乡村振兴示范村、上海市美丽乡村示范村等荣誉。

一、背景与动因

如何满足农村老年群体的各种需求，不断完善服务措施、提高服务质量，始终是村两委的"大事""要事"。环东村委通过多轮走访调研，梳理出村内老年人较为关心的两类问题：一是"求医问药"，即与自身健康相关的看病问题；二是"安居保障"，即与日常起居相关的安全问题。

二、举措与机制

为推动环东新时代老龄工作高质量发展，环东中心村通过"医养结合""数字助老""公益助老"3项举措加快完善老年人健康支撑体系，不断提高环东老年群体的健康水平。

（一）提升医疗服务水平，让环东老年人"老有所医"

针对老年人日益增长的医养、康养需求，环东中心村持续加大投入，推动村卫生室建设，致力于为本村老年人提供更优质的医疗服务，同时推动环东综合为老服务中心进一步提质增效。

一是配强"巡诊＋驻诊"专业力量，确保日常服务不间断。村卫生室有社区卫生服务中心下派定点联系的全科医生2名、驻点坐诊的中医2名，以及镇里统一聘请的驻点看诊的乡村医生4名。全科医生通过定期巡诊、签约服务等方式，打通老年人就医看病的"最后一公里"。

二是配足"诊室＋药房"服务空间，确保就医环境不受扰。根据不断增长的就诊量，进一步扩大诊疗室的空间，增设看诊位，营造更加舒适的就医环境；规范药房设置，提高药房空间利用率，争取到社区卫生服务中心的支持，药品种类从早期的180种扩充到目前的396种，除精麻药和中药外，其他药的品种已与社区卫生服务中心保持完全同步。

图1　张江镇环东中心村卫生室

5年来，在镇党委、镇政府和社区卫生服务中心的鼎力支持下，在村两委的努力推动下，村卫生室由原来仅有的2间小诊室和药房，扩展到面积达250平方米的楼面。

三是配套"基础+特色"服务功能，确保多元服务不断档。在医疗功能上，按需增设中医康复特色功能。针对老年群体的健康服务需求，增设中医问诊室、康复理疗室等，配置中医定向透药仪、电针仪、TDP灯、颈椎牵引器、腰椎牵引床等10多种专业设备，帮助老年人实现慢性病管理、功能康复训练。

（二）提升科技助老能级，让环东老年人"老有安居"

环东中心村始终把维护和保障老年人的人身安全、财产安全，作为为老服务的重要工作。

一是坚持"技防+共建"双保障。针对农村房屋消防安全隐患，为有意愿采取技防措施的独居老人家庭安装烟雾传感器，并接入镇物联感知平台，实现对独居老人屋内消防情况的实时监控。为出租房安装"安防四件套"（烟雾报警器、燃气报警器、紧急报警按钮、视频对话报警主机），尽最大可能保证老年群体的生命安全，将可能的财产损失降到最低。

二是落实"巡防+巡察"双联动。环东中心村充分认识到老年群体，尤其是独居老人面临的消防安全风险，要求村委工作人员根据《张江镇独居老人安装智能安防设备统计清单》上门做好意见征询工作，并签订《张江镇独居老人安装智能安防设备征询意见表》，如遇独居老人不配合、不愿意安装的情况，及时联合社区民警对独居老人及其亲属做好思想工作。同时，继续排摸辖区内独居老人底数，符合条件的及时上报并签订意见征询表，确保"不漏一户、不落一人"。通过统筹加强对独居老人的关爱帮扶，组织人员定期上门排查火灾隐患，严密防范独居老人居住场所火灾事故，有效预防"小火亡人"事故的发生。

三是持续加大宣传力度。针对农村老年人消防安全意识薄弱、防骗意识不足等情况，环东中心村定期安排专人开展消防安全培训及上

图2　张江镇城市运行综合管理中心环东中心村部分监控

图3　2023年3月,环东村联合农商银行举行反诈宣传及消保宣传活动

门安全宣传。同时,通过与农商银行、建设银行、孙桥派出所、川沙法庭等结对共建,以浅显易懂的方式,向老年人宣讲金融知识、法律常识、防骗意识。比如,2023年"3·15"消费者权益日前,环东中心村与农商银行联合举办"金融消费权益保护进乡村"活动,通过宣教讲授、案例解析、情景模拟、小品演绎、歌曲串烧等农村老年人喜闻乐见的方式,向他们宣传"金融反诈",收效明显、反响良好。

(三)加强志愿队伍建设,让环东老年人"老有所依"

环东中心村深入开展"老伙伴"计划,加强"老伙伴"志愿者队伍建设,聚焦价值担当,着力提升环东高龄独居老人的生活质量,使结对老人可以安度晚年。截至2023年12月,环东中心村"老伙伴"志愿者已与10位高龄独居老人(其中含4位90岁以上的老人)结对并提供服务。

一是传递日常问候。环东"老伙伴"志愿者日常以电话、上门等形式与结对对象进行沟通,通过与老人嘘寒问暖、拉家常,及时了解老人的需求,掌握老人的身体和精神状况。

二是提供生活服务。环东"老伙伴"志愿者为结对帮扶的高龄独居老人提供日常基本服务,并传递一些生活、健康常识等。比如村里年过80岁的顾阿姨因为子女不在身边,生活时常遇到不便,村里"老伙伴"志愿者得知情况后便经常与她电话联系,嘘寒问暖,并提供送菜送药的服务,帮助顾阿姨排忧解难。

三是做好慰问探望。环东"老伙伴"志愿者结合传统节日定期为结对帮扶的高龄独居老人传递关怀、发放物资、组织节日活动,加强对高龄独居老人的关心关爱。同时,计划通过保障性租赁住房、环东生态园等项目,为村集体经济持续创收,并将每年收入的一部分用于给村民分红,全面提升老年人幸福感、获得感、满足感。

四是推行公益助老。引入本土企业家瞿建国创立的建国社会公益基金会,同时依托张江镇与"叮咚买菜"签约建立"乡村振兴战略伙伴关系"等为契机,大力推动老年人慰问关爱事业的发展。

三、创新与成效

近年来，环东通过提升卫生专业服务效能、运用信息化手段保障老人安全、引入社会公益基金会等措施，积极探索养老新服务，取得了一定的成效。

（一）统筹专业资源，大力推动"医养结合"

近年来，环东中心村着力推动村卫生室提档升级、提质增效，全力满足老年群体就近就便问诊配药、康复保健等需求。截至2023年12月，村卫生室日均门诊量超过30人次，自村卫生室的"中医苑"开诊以来，已累计服务超过2 000人次。优质便捷的医疗保健服务，让老年人在村里养老更放心、更舒心。村卫生室在实现功能升级后，现设有全科门诊室、输液室、治疗室、药房、健康教育室等，实现常见药物与特殊需求药物的互为补充。在卫生服务点，还有很多喜欢中医理疗的老年人前来接受拔罐、针灸等治疗。同时，环东村委借助张江地处国家中医药实验区的核心区域这一得天独厚的优势，推进针推科医生下沉到村居，

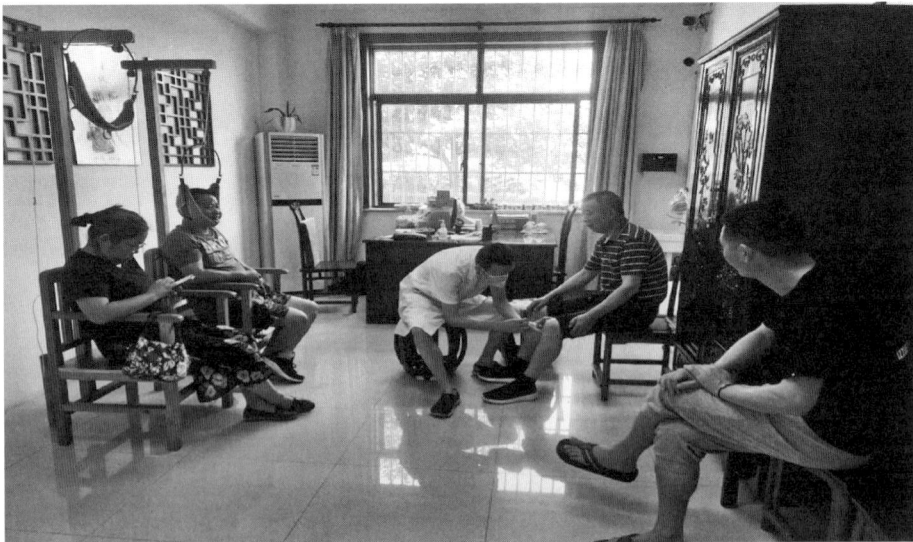

图4　2023年6月，环东中心村"中医苑"医生为村民进行理疗

把服务送到居民的家中,此举深受广大居民的欢迎。目前,环东中心村500多名65岁以上老人已与孙桥社区卫生服务中心的家庭医生进行了签约,基本实现65岁以上老年人口签约全覆盖。

(二)统筹技术资源,积极推广"数字助老"

环东中心村积极运用"科技新力量"赋能"农村养老",运用信息化手段保障老人安全,现已为村域内234幢3 092间出租房"全覆盖"安装"安防四件套",并统一接入镇城运(应急)中心和微型消防站指挥平台,确保一旦发生火灾,能够第一时间自动发现、第一时间出动处置、第一时间完成救援,尽最大可能保证老年群体的生命安全,将可能的财产损失降到最低。环东中心村还秉承让"环东养老服务像网购一样便捷"的服务宗旨,大力推广"浦老惠""智慧养老"等小程序,通过为老年群体开设智能手机使用课程培训、开发"长者数字生活"小程序等方式,帮助老年人跨越"数字鸿沟",让其共享"数字时代"带来的生活便利。

(三)统筹企业资源,深入推行"公益助老"

环东中心村主动搭建平台,引入本土企业家瞿建国创立的建国社会公益基金会,10多年来已累计为本村捐赠善款2 000余万元,资助轻便轮椅、净水设备、生活用品等助老帮困物资。为更好营造"老吾老以及人之老"的氛围,村里对瞿建国的善举和事迹进行了大力宣传,在其感召和带动下,越来越多的企业家都开始投身慈善,参与公益活动。近几年,在每年"慈善联合捐"中,环东中心村的募捐额在全镇各村居中名列前茅。

四、启示与展望

自2022年成功创建"上海市老年友好型社区"以来,环东中心村积极巩固创建成果,主动对标对表"全国示范性老年友好型社区"创建标准,学习其他村居优秀的老年友好型社区工作经验,未来环东中心村还将积极探索养老新服务,创新构建养老新名片,做优为老服务新生态。

（一）让为老服务"可观可感"

与上海中医药大学基础医学院、区绿化管理事务中心等单位深入开展党建共建。一方面，为村卫生室、养老睦邻点、各队组引入更专业的健康服务志愿队伍；另一方面，借力条块职能部门，为拥有35%以上绿化覆盖率的环东生态林地、绿地再增效，让"环东养老"打上"绿色生态标签"。同时，大力推动农村人居环境改善，加快村内相关主干道修缮、农污纳管和公厕改造、河道整治和生态清洁小流域提升、美丽庭院特色"小三园"打造等，增设"环东健康主题公园"慢行道、健身点、科普角等设施，为环东老年人的晚年生活增添更浓郁的"健康亮色"。

（二）让福利保障"可享可盼"

为保障包括老年人在内的全体村民的经济福利待遇，环东中心村通过在全市首创以村集体经济组织为开发主体，在村集体建设用地上建设保障性租赁房、盘活农村闲置绿地、激活农村林下经济发展等方式，大力拓宽集体经济增收渠道。目前，保租房项目规划已获批公示，

图5 环东生态园露营基地

即将开工建设；露营基地项目已基本建成并对外正式开放运营，预计2个项目每年将为村集体增收800余万元。

（三）让为老资源"可触可及"

养老综合体并不是简单的一幢房子，而是环东中心村内各类养老服务、养老资源的总称。环东村委将继续推动建设环东综合为老服务中心的社区卫生服务点、阅览室、助餐点、烘焙坊、活动室、茶水间、备餐间、无障碍卫生间、乒乓球室、康复室、科教室、谈心咨询室、浴室、环东影剧院等。持续完善配套设施，将环东综合为老服务中心打造为村里老人休闲、娱乐、健身、养老服务的重要场所，每天至少可为百余名老人提供康养服务。同步落实适老化改造、老年人体检、为老助餐、"六送"等为老服务政策和福利，推进养老睦邻点优化升级、老年文体团队发展壮大等工作举措，积极回应老年人群的更高诉求。

（四）让议事协商"可参可鉴"

环东议事厅作为集中反映和有效解决村民急难愁盼问题的议事机构，充分调动老龄支部中各党员的参与积极性，2022年一年共收集村民需求99项，截至2023年年底，已解决近50%。2023年，环东中心村将以"养老睦邻点"和"党群服务中心"为主要阵地，推动"环东议事厅"向队组延伸，参与对象也进一步推广至1 000多名户籍老年村民等，赋予老年群体更多"话语权"，提升老年朋友的"参与感"。

（报送单位：浦东新区张江镇环东中心村）

专家评析

上海市浦东新区张江镇环东中心村毗邻张江科学城核心区和上海自贸区张江片区，是张江镇唯一的规划保留保护村，绿化覆盖率高达35%。在基础硬件设施较完备的情况下，环东村委在居民关注度较高的"求医问药"和"安居保障"两大核心养老问题上，一方面，推动村卫生室提档升级、提质增效，全力满足老年群体就近就便问诊配药、康复保健等需求，让环东老年人"老有所医"；另一方面，为独居老人家庭安装烟雾传感器，为村域内234幢3 092间出租房安装"安防四件套"（烟雾报警器、燃气报警器、紧急报警按钮、视频对话报警主机），并统一接入镇城运（应急）中心和微型消防站指挥平台，让环东老年人"老有所防"。同时，借助相关部门力量，进一步提升绿化覆盖率，增设"环东健康主题公园"慢行道、健身点、科普角等设施，在为村里老人提供休闲、娱乐、健身、养老方面做到"便利可及"的同时，更打上"绿色生态养老"的独有标签。

刘 涛

上海市白茅岭医院　院长

"党建引领" 打好组合拳，一二三 共绘 "五宅银龄"

上海市奉贤区西渡街道的东北角，有个村落名为"五宅"，它东至金汇港，西临金海路，南接益民村，北往西闸路，占地面积达2.36平方公里。2 282人在这里扎根，日常居住人口达3 300人，其中60岁以上老年人占比为19%，65岁以上老年人占比达15%，80岁以上老年人占比达3.3%，90岁以上老人有10人，百岁老人有1人。

五宅村老龄化程度深，困难群众多。其中，高龄独居24人，失能失智5人，60岁以上重残12人，80岁以上重残1人，失独家庭4户，五保户3户。

近年来，五宅村为建设老年友好型社区，打造"银龄五宅"，紧贴老年人需求，着力从资金、资源两方面解决老人收入与服务供需等问题。

一、背景与动因

2019年，五宅村入不敷出，属于典型的经济薄弱村。村级可支配收入每年约为300万元，支出450多万元，村里集体资产仅有村委会办公楼（已出租给企业）和粮食合作社农机仓库（村委会现办公点）。为了有效满足村里老人的养老需求，五宅村两委班子分成3个调研组，在全村范围开展组团式走访，以宅基议事厅、长凳夜谈等形式，听取老人想法，并结合村落实际情况，形成"四方乡忧清单"。

在情感方面，村里大部分老人都有"四不离"情结——不离乡土、不离乡邻、不离乡音、不离乡情，希望就在家门口养老。调查显示，85%的受访老人不想去城镇养老院，极少部分老人表示若失能失智就不拖后腿，听从子女安排。

　　在经济方面，收支矛盾是推动养老建设所面临的难题。面对每月动辄上千的养老费用，很多老人连连摇头直呼受不了，并表示公益普惠性的养老院可以考虑。

　　在健康方面，对优质医疗资源的迫切需求与简陋的设备提供之间的落差，导致约60%患有慢性病的老人希望村里能多开展一些老年健康服务。同时，多开发一些小微阵地，开展休闲娱乐活动，让老人身心愉悦。

　　在社交方面，"积极老年观"激发了老人参与志愿服务、为社会发挥余热的想法。老人们希望村集体搭建平台，有更多的社交机会，也为村庄发展贡献自己的力量。

　　调研之后，村两委班子开了多次会议，大家在一起思考两大问题：一是在村级财力不足的情况下，如何建设为老服务设施，谁来管理运营？二是还有什么方式能满足老百姓对于医疗健康、社会参与及精神文化需求？经过多番头脑风暴，五宅村两委班子找到了一条可以尝试的突破路径：一建二享三治，共同绘制银龄蓝图。

图1　五宅村两委班子开展组团式调研走访

二、举措与机制

五宅村通过加强基础建设、共享医疗服务、组建志愿团队形成了"一建二享三治"模式，为应对本村的老龄化问题寻求突破路径。

（一）一建：加强基础建设补短板

从2013年开始，五宅村与奉贤二建公司成为党建结对伙伴，2个党支部在多次交流中擦出火花，凝聚共识，画出了建设养老服务设施、共同助力乡村振兴的同心圆。当时正值奉贤区出台《关于推进全区"青春里"养老社区建设的方案》，村企合作得到了区委、区政府的高度认可和大力支持，也由一开始的资金援助直接转变为项目建设，因此拥有更好的运营环境。

在没有可供改造的集体资产厂房的情况下，村党总支通过将村民闲置的宅基房屋进行流转的方式解决建设问题。为消除村民顾虑，村里还召开了村民宅基地流转现场答疑会，认真解答村民疑问，积极提供

图2　五宅一组村民宅基地流转现场答疑

解决方案。通过五宅村全体村干部的共同努力，最后签下了五宅一组17户村民的宅基地共15年的租赁权，每年支付给村民房屋租金近90万元，既解决了改造方面"缺衣少粮"的问题，也为村民提供了稳定的收入来源。

在奉贤二建公司的大力支援下，耗资2 400余万元，成功建设了"青春里"养老社区。"青春里"有床位150张，还配有医务室、康复室、书画室、手工活动室、游戏室、助餐点等功能区域。

2021年10月，"青春里"养老社区投入使用。为了贯彻"让老人住得近、住得惯、住得起"的宗旨，村里将价格定在2 000～2 500元，同时引入长护险以减轻老人及其家庭的经济负担。即便如此，依然没能吸引本地老人入住，经过村干部的走访调查，了解到还是价格上出了问题。村党总支认真思考，经过两委班子慎重研究，决定将老村委会每年30万元的租金收益作为"反哺基金"，补贴本村老人入住"青春里"的费用。2022年12月20日，经党员议事会、村民代表大会审议表决通过

图3　"青春里"养老社区改造前农民旧宅基房

了《关于老村委会租金用于补贴本村80周岁以上家庭困难老人入住青春里养老社区床位费》。根据该决议，补贴标准为800元/（人·月），申请流程为：申请床位补贴的老人向村委会提出申请，由两委班子审核，再经党员议事会、村民代表大会审议表决，经7天公示无异议后可申领补贴。截至2023年12月，五宅村已有6位老人前来咨询补贴申领标准与流程，下一步村党总支将继续扩大决议知晓率，让更多有需求的老年人可享受该福利政策。

图4　建成后的五宅村"青春里"养老社区

图5　运营中的"青春里"养老社区

（二）二享：共享医疗服务助健康

五宅村引入市级专业医疗资源，让老年村民能够享受到"家门口"的优质医疗服务。2023年，为了增加五宅村为老服务的医疗健康资源，村党总支与民进上海中医药大学龙华医院支部签约结对，定期邀请医疗团队到五宅村开展线下义诊、中医药科普等活动，增强老年村民的主动健康意识，提升其健康管理能力。同时，与上海中医药大学龙华支部约定，为相关疑难杂症的老年患者提供就医指导和绿色转诊服务，为村民看病就诊提供了极大便利，为促进老年村民的健康筑起坚实的保护盾。第一期义诊活动于2023年3月24日顺利举办，有40余位老人享受到专家现场看诊服务。

图6 村党总支与民进上海中医药大学委员会龙华医院支部开展义诊

挖掘本地贤人贤才资源，引领带动老年村民实现健康自管、科学养生。村党总支依托村里引进的"慢时光"瑜伽生活基地，组建"慢时光"老年人瑜伽健康自我管理小组，邀请瑜伽基地的老师每两周授课一次，普及健康相关知识，引导老年人更好地开展慢性病管理。截至2024年4月，该健康自管小组老人注册数已达40人。此外，邀请村内贤人代表带头组建"花果源"老人养生社，通过丰富的社团课程，将养生知识以生动易懂的方式教给村民，让更多老年村民学会并践行科学养生。

图7　"慢时光"老人瑜伽健康资管小组活动

图8　"花果源"老年人养生社活动

（三）三治：组建志愿团队促社交

组建志愿服务团队，让老年村民有更多的社会参与机会，为本村养老服务发光发热。五宅村村党总支积极链接社会组织——"小时光"，组建了以老年人为主的"启善萤火虫"志愿者团队，服务体系完全由"小时光"搭建，包括管理制度、人员招募、活动开展、表彰评优、激励措施等。截至2024年4月，志愿者服务队在册人数已达56人，均为五宅村60岁以上的老年人。每周志愿服务队开展清洁家园、关爱互助、文明宣传等活动，不定期为其他老人提供公益理发、磨剪刀等志愿服务，累计已开展各类活动100余次。志愿服务团队的组建，不仅解决了老年服务资源不足的问题，更让加入志愿者服务队的老年人实现了老有所为。此外，还建立了志愿者积分制度，参与志愿服务的老年人可以通过参与活动获得积分奖励，而积分奖励可以兑换一些实物，进一步调动老年人的参与积极性。随着越来越多的老人加入志愿者团队中来，老人也在一次次团队活动中增进了邻里交流，扩大了社交范围，获得了社会认可。

图9　五宅村"启善萤火虫"志愿者团队合照

图10　志愿者开展垃圾清理活动

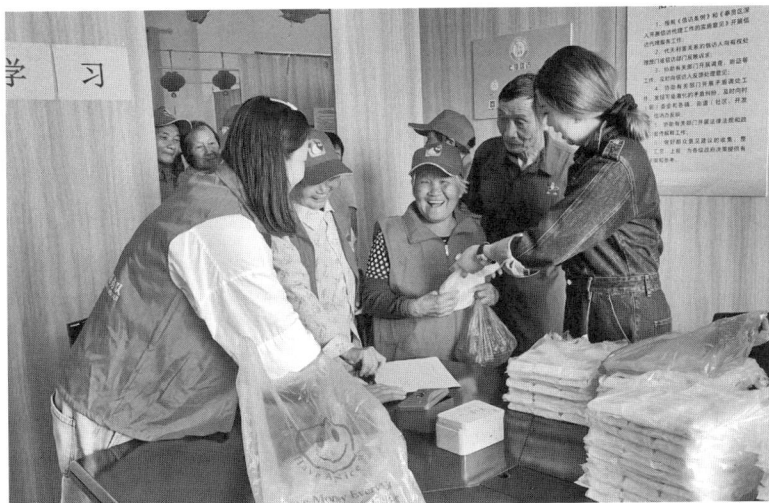

图11　志愿者积分奖励兑换现场

三、创新与成效

五宅村以党建引领为核心，以社会力量为主体，以贤人贤才为支撑，以合作共建为纽带，化劣势为动力，化优势为活力，稳步提高为老服务能力，走出了一条符合自身村情的老年友好社区创建之路，也托起了老人稳稳的幸福。

（一）感受度较好

五宅村村集体腾出五宅村村委会办公楼，将其出租给企业，让企业拥有更大的运营空间，有望创造更大的经营收益，从而尽可能增加五宅村的集体经济收益，增强本村的经济实力，能为老年人提供优质服务奠定坚实的经济基础。与此同时，全体村干部留守在破旧的农机仓库办公。虽然办公条件艰苦，但是丝毫不影响干部们为老服务的热忱，他们始终保持高昂的工作状态，扎实推进各项工作，为本村老年人提供更优质的服务。

同时，引入外部资源，成功建设了"青春里"养老社区，通过各种方式减降或补贴老人入住"青春里"的费用，减少老年人的后顾之忧；在村干部的带领下，经过两委班子的慎重研究，将集体收益反哺老人，并不断改善村内的养老设施设备，不断优化养老服务产品供给，切实降低老年人的养老成本，并在村内积极营造关心关爱老人的氛围，使老人感受到了被尊重、被关心、被认可。

（二）满意度较高

老人通过村集体搭建的各类平台，满足了在智能学习、互动交友、健康养生、参与社会等多方面的需求。五宅村引入上海中医药大学专家等资源，不仅定期为村民开展线下义诊及科普服务，还为部分老年患者的相关疑难杂症提供就医指导和绿色转诊服务，为本村老年人搭建了健康就诊平台；链接社会组织"小时光"，引进建立"慢时光"瑜伽生活基地等，为老年人的社会参与、互动交友等提供了更多机会。这些举措不仅让参与其中的老年人收获了幸福感，也让被服务的老年人得到了暖心的服务，两者的幸福感都得到了大大提升。据统计，五宅村90%以上的老人对现在的医疗健康服务、精神文化生活表示满意，同时也希望优质医疗资源下乡的频率能进一步提高。

（三）活跃度较强

通过优化阵地资源，推送特色服务，丰富节庆活动内涵，越来越多的五宅村老人愿意组团报名参与，尤其是瑜伽这类不曾在老年群体中普及的运动，也渐渐被接受。截至2024年4月，基于瑜伽项目建立的健康自管小组注册老年人已达40人。依托村内"贤人"组建的"花果源"养生社也颇受老年人的喜爱。这些新兴的养生理念通过多样化的方式和平台逐渐被传播，让长居村里的老年人也能接触到与时俱进的健康资源和信息，实现生活不落伍、健康不掉链。老年人积极的参与态度也为推动其他养老服务工作，比如老年志愿服务队等奠定了良好的基础，促进了全村老年健康理念的传播与普及。以本村60岁以上老年人为主的"启善萤火虫"志愿者团队，截至2024年4月，在册人数已达56人；每周开展多种多样的活动，不定期为其他老人提供志愿服务，累计已达100余次。这些都彰显了五宅村老年人的活力。

四、启示与展望

村集体经济薄弱确实是为老服务更好发展的瓶颈，但也不是绝对制约因素和无解之题。五宅村党组织通过党建引领，利用"朋友圈"资源，在"共"字上下功夫，一二三共绘"五宅银龄"。在青春里养老社区内设置"银龄共享家"共享活动空间，共享食堂，共享书画室，共享康复室。"共享"成为五宅村养老服务建设的特色和标志。

五宅村紧盯与老人养老、健康促进、社交、学习等密切相关的老年友好型社区建设，紧贴当下老年人在社区为老服务方面的各种现实需求，着力解决好为老服务中村级集体经济薄弱、老年人低收入与高品质养老服务需求矛盾、优质医疗健康资源不足、老年人社会参与度和认可度不高、文化与社交活动单一等痛点问题，取得了一定的成效，增强了农村社区老年村民的获得感和满意度。

展望未来，"共享"作为五宅村的特色和亮点，将为全国示范性老年友好型社区建设的探索实践提供"农村共享方案"。在共同富裕的国家战略下，五宅村的"农村共享方案"将促进农村老年人共享经济社会发展成果，共创高品质养老生活。

（报送单位：上海市奉贤区西渡街道五宅村）

专家评析

五宅村老年友好型社区建设的特色和亮点在于共建共治共享。老年人要享受高品质的养老生活，不应被动等待，而应主动参与共建共治共享。

首先，需要找准"共建"切入点，寻找养老设施短板，共同补齐这些短板。五宅村老年人参与共建的方式如下：一是依托"慢时光"瑜伽生活基地，组建"慢时光"老年人瑜伽健康自我管理小组；二是邀请"花果源"企业代表组建"花果源"老年人养生社，帮助老年人建立科学膳食观念。三是设立种子图书馆，发动老年志愿者打造室外种植区，从木架、小木桌、种子选育、观赏蔬菜种植、活动举办等都由志愿者一手打造。老年人携手合作，共建高质量养老村落。

其次，找准"共治"着力点，通过志愿互助出亮点。一是依托低龄老年人，组建"启善萤火虫"志愿服务团队，充分利用低龄老年人的力量；二是建立田头议事厅，由村民种菜队长、社会组织、社工等五社联动组成的小队走到田间地头，在充分了解村民需求的基础上，以"群议+众议"的方式,走访村民,收集意见,小事商议解决,难事记录上报。田头议事厅作为"接地气"的民主议事方式,效率高。

最后,找准"共享"契合点。一是共享养老设施,如建设青春里养老社区,共享食堂,共享书画室,共享康复室。二是共享可食可赏幸福菜园。五宅村通过与村民签订"菜园公约"规范菜园标准、打造典型样板,利用村民种植的高颜值、高品质有本地特色的菜,丰富村内长者的菜篮子。

共建共治共享可充分发挥老年人的主观能动性,发挥老年人的余热,实现老年人的社会价值,提升共享乐趣,是一种保障农村高品质养老生活的有效方式。

曹艳春

华东师范大学　教授

多元赋能"嵌入式"养老,"念旧"老人们的新时代"桃花源记"

桃园社区作为嘉定镇街道最大、最具有代表性的社区之一,9 000余名常住人口中,60岁以上的老年人有3 302人,高龄老人有752人,独居老人401人,纯老家庭1 378人,老龄化程度较高。历史遗留问题多、基础建设老化、老龄人口管护压力大,如何让"念旧"的老人们在社区找到"家"的感觉,一直是桃园社区两委班子重点考虑的问题。

一、背景与动因

随着城市的高速发展,越来越多的家庭因为追求"自由空间"以及住房环境的改善,打破了传统上的三代人甚至四代人同居的家庭模式,而"念旧"之情把老人们都留在了这样的老小区中。子女不在身边,也让渴望居家养老的老人们陷入了两难境地。改造前的桃园社区内虽然设有心理咨询室、百姓书社、老年活动室等养老资源,却因没有平台枢纽的整合,综合性体现不出来,导致这些空间利用率低,成为少数居民的"专属领地"。此外,部分空间的定位不清,专业养老机构的缺乏,造成大部分老人不愿意到这里来,其他群体更加不愿意来。总体来说,现有的公共空间运营模式,已无法满足老年人日益增长的需求。

二、举措与机制

多年来,桃园社区坚持以人为本,以老年人的需求为导向,多次召开会议就改造桃园小区进行提议并落实推进,同时结合地区办邻里中心建设,短短几个月,让社区发生了翻天覆地的变化。

（一）制度保障创建，凝聚"桃花源记"之"力"

桃园社区两委班子十分重视创建老年友好型社区工作，以打造现实版"桃花源记"为目标，涵盖老年人生活的方方面面，相关工作由党总支书记亲自抓，由老龄干部协助社区老龄专业委员会具体负责落实，制订社区创建工作计划，健全相关工作制度，通过上墙公示的形式，接受社区居民的监督，按照创建计划，分阶段落实各项为老服务工作，做到制度落实、服务到位、记录齐全。

（二）调研厘清需求，聚焦"桃花源记"之"需"

通过广泛细致的调查摸底，明确在老年人群中存在着"三个迫切"：一是患各种慢性疾病的老人，他们的晚年生活除家庭养老这一传统模式外，迫切需要社区组织的协调和照顾，这部分老人占到社区老年人总数的30%；二是许多社区老年人，特别是因机构改革和企业改制后由"单位人"变为"社会人"的老人，迫切需要在社区中能够就近学习、就近活动、就近得到照顾；三是有一技之长的社区老年人，想为社区建设发挥余热，迫切需要社区为他们提供机会和场所。经过调研，社区基本掌握了辖区老年人的基本情况。调研中，也就社区共建、改造方面听取老年群体的意见和建议，充分发挥老年人在长期生活中积累的丰富知识和宝贵经验，从而为开展老年友好型社区工作提供有利条件。

（三）适老修缮改造，筑牢"桃花源记"之"基"

桃园小区旧住房修缮改造项目是嘉定镇街道近几年来体量最大的惠民实事工程。2022年7月，桃园小区正式启动老旧小区改造工程，小区迎来了"逆生长"。该项目涉及88幢房屋，建筑面积达180 254.31平方米，总居民户数超3 400户。小区改造项目推动旧改"宝塔型"房屋顺利施工，推动解除百余栋居民楼外立面安全隐患，制订大广场、小广场、社区门岗等点位改造方案，推动完成高压电线旁楼栋施工以及17处破旧停车棚翻新、智能充电桩安装等任务，逐一攻破"顽疾"，真正将"旧改"的温度传递到每一位居民的心上。

图1　桃园小区综合改造后适老化设施

（四）邻里中心赋能，打造"桃花源记"之"便"

嘉定镇街道桃园社区我嘉·邻里中心地处嘉定镇街道中北部桃园小区内，建筑面积达1 600平方米。依据不同类型老年人的需求，打造了亲子乐园、舞蹈房、"学哉嘉定"直播间、多功能文化嘉园、心理咨询等空间；联合"番茄花园"社会组织，以绿色环保作为"主基调"，打造奇思妙想科创阵地与老少互动环保体验专区。同时，围绕辖区老年人的衣食住行，中心设有全龄全时段我嘉餐厅以解决老年人吃饭难问题；24小时政务服务窗口旨在解决老年人办理政务事项过程中遇到的"数字鸿沟""流程不熟""出行不便"等困难问题，如就医记录册更换、新版社保卡开通、医保个人账户信息查询表打印等；24小时自助超市让老人们不出小区即能采买基础医疗用品以及生活必需品；邮政储蓄及社区站点等多元化的公共综合服务更是为老人们提供了实时便捷。

图2　桃园社区党群服务中心（我嘉·邻里中心）

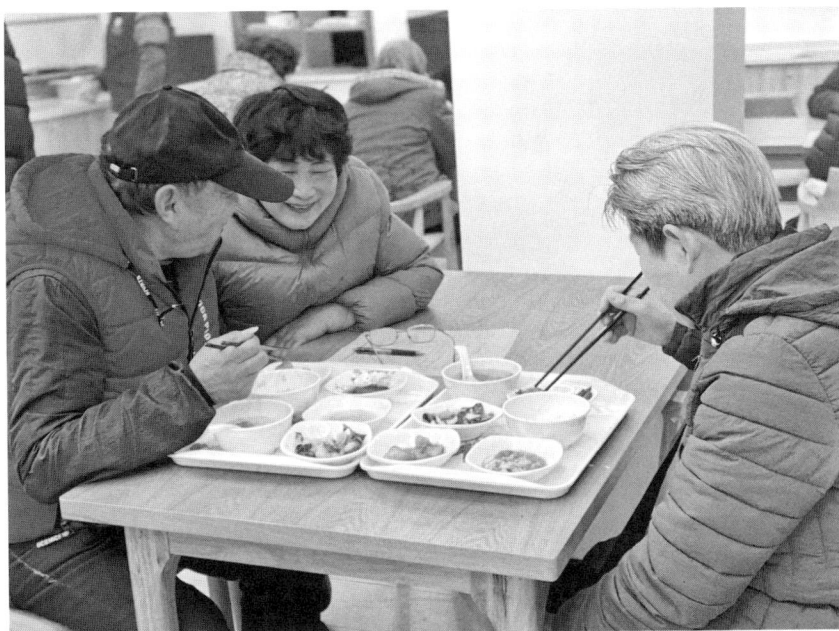

图3　我嘉·邻里中心我嘉餐厅助老餐健康又实惠

三、创新与成效

面对与日俱增的老龄群体，社区始终以老年居民的需求为导向，致力于全方位构建"医养、托养、智养、体养、文养"的老年友好型未来社区创新模式，让每位老人都能丰富自己的精神生活，扩大社交圈，真正做到老有所养、老有所依、老有所乐。

（一）十大景观，展现邻里中心新面貌

结合社区文化底蕴，桃园社区我嘉·邻里中心以"桃花源"为主题，打造"桃花源记"十大景观。一层以"我嘉桃园"—"桃源花涧"—"桃林幽径"—"桃扇画屏"—"时光隧廊"—"桃叶扁舟"—"桃膳嘉坊"—"桃畔花谷"—"法华之光"—"漫天花雨"十个特色人文景点为核心，用园林式移步换景的方式，将桃园故事导流呈现。值得一提的是，社区老年骨干也参与了邻里中心"漫天花雨"景点的打造，通过亲手制作桃花、寄语祝福，将中心各个角落装扮一新，让前来"打卡"的居

图4　老年骨干参与我嘉·邻里中心"漫天花雨"打造

民无论春夏秋冬都能拥有别样体验,创造属于自己的"桃花源记"。

（二）"五养"一体,打造养老服务新模式

面对与日俱增的老龄群体,依托老旧小区改造工程,发挥党建引领,整合现有资源,全面开启"医养、智养、托养、文养、体养"五养为一体的养老服务新模式。

1. 托养

在老年人日间照护中心,70岁以上的高龄老人和轻、中度失能老人能在这里得到日间照料服务,包括生活自理能力训练、助餐、助浴、保健操以及不定期举办的文体兴趣活动。

2. 智养

情景护理展示区让老人们沉浸式地体验医疗护理、助浴等智能适老化设施及服务,满足社区老人多层次的养老需求;依托e嘉乐智慧养老申请服务,为辖区老年人上门安装烟感器,推广爬楼机;完善"老伙伴计划",在老人间构建沟通网络,及时掌握高龄独居老人的情况;2023年完成银发无忧保障计划工作以及长者智能技术运用提升行动（随申学）1 189人次,完成适老化改造3户。此外,社区定期组织开展智慧助老课程,教授老人们使用智能手机,手把手帮助老年人跨越数字鸿沟。

3. 医养

健康咨询室对接了街道卫生服务中心的专业医生,同时安排志愿者值班,为居民免费提供健康义诊服务,为居民测量血糖、血压等服务。为老年人提供日常保健、防病治病等健康宣传、咨询,将优质的健康医疗服务送到老人家门口,做到对疾病早发现、早治疗、早预防;老年人的康复需要也得到了满足,闻名遐迩的"陈氏推拿"设立在桃园社区内,系陈家祖传推拿手法,70多年来,他们坚持为社区居民提供推拿服务,不收取丝毫费用。

4. 体养

在长者运动健康之家、残疾人之家中,配备智能血压检测平台、老

图5　托养——中度失能老人在日托中心参加自理能力训练

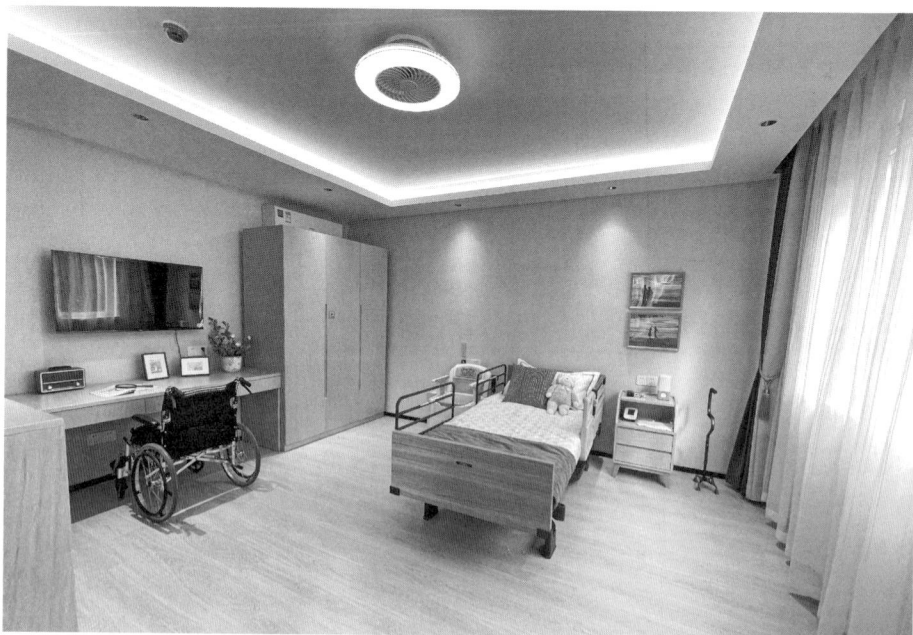

图6　智养——情景护理展示区中适老化设备展示

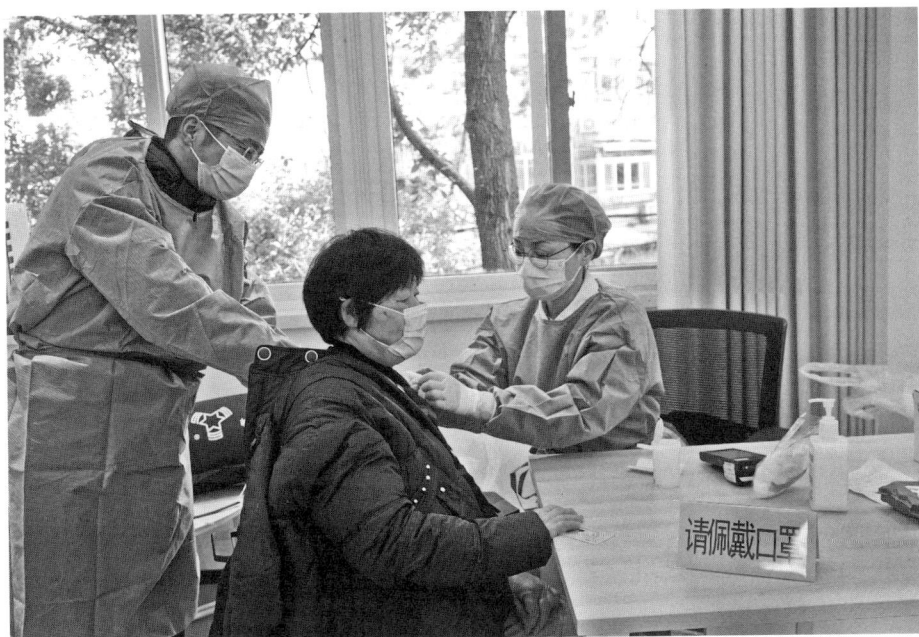

图7　医养——街道卫生服务中心的医生定期提供专业医疗服务

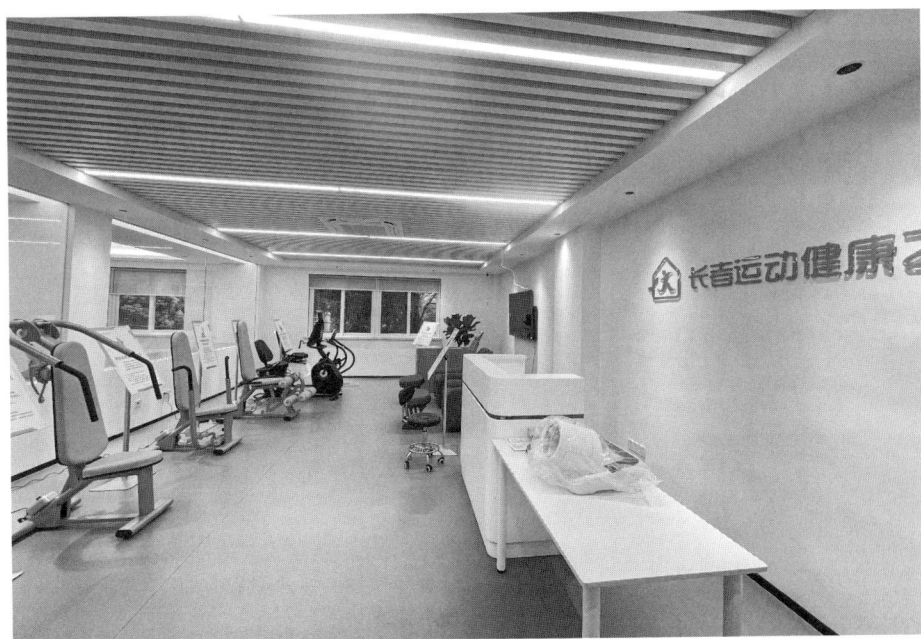

图8　体养——适老化健身器材提升老年人的未来健康

年人卧式健身车、远红外气血循环机、垂直律动沙发等10多种健身设备，同时提供残疾人器具的展示和租借服务，为周边有需求的居民提供了全方位的专业服务，提升辖区居民的"未来健康"质量。

5. 文养

百姓书社、书画室、茶道室中，配备了2 000多册图书以及电子阅览设备，同时结合社区特色品牌"科苑"睦邻点以及"红叶书画苑"的书画科普特色，定期开展挥毫送福、书画义卖、茶艺学习等活动，全方位构建老年友好型未来社区的创新模式。

图9　文养——社区睦邻点构建老年友好型未来社区创新模式

（三）长者智慧，发挥老年群体新活力

在基层治理过程中，中老年群体利用其丰富的人生阅历，发挥其智慧，帮助社区更好地解决问题和应对挑战。

1. 传党声听民声

邻里中心三层聚焦党建引领，不断丰富和延伸"党建+"的内涵，如在小区综合改造中遇到的"鸽子棚"违建、车棚改建以及宝塔型房屋改造等问题,包括邻里中心的后期运营维护,社区长者们都能通过党员议事会以及睦邻点议事平台沟通协商,形成桃园"智库",使网格有了热心人、问题有了收集人、协商有了召集人、居民有了全龄段代言人。在聚焦社区治理"难题"的同时,不断延展社区治理的思路。

2. 扬激情聚合力

结合30支睦邻团队开展为老服务,如交流舞艺的"舞谊"睦邻点,交流拍摄技巧的"影友之家"睦邻点,与科学共同进步的"科苑"睦邻点以及每周五为80岁以上独居老人提供健康用药咨询服务的"爱心屋"睦邻点等,这些团队的成员用健康向上、积极乐观的生活态度和精神风貌带动了身边的每一位老年人。

图10　老年骨干积极参与社区治理

(四)全龄助力,构建老年服务新网络

2023年2月,桃园社区党群服务中心(我嘉·邻里中心)投入使用，打破了原有的社区格局，植入共享理念。依托邻里中心、睦邻点以及辖区小微网格服务点建设，继续深化"桃"最便利服务品牌建设，有效破解了社区服务与群众需求不对等、资源调动不充分等治理问题，通过招募社区合伙人、挖掘社区达人的合作方式，积极探索"公益＋低偿"服务新模式。以整合多方资源、搭建多维服务平台为抓手，不断延伸服务触角，实现社区从"输血"到"造血"的功能转变，也让"老有所为"在这个平台得到了更好的体现。结合教育部家校社联动的要求，一层餐厅定期由老年志愿者带动有娃家庭，体验卫生打扫、美食制作等劳动实践，真正做到"教、学、做"合一，形成良性互动。在吸引年轻群体参与的同时，为老年人融入"年轻圈"探索出了新举措。此外，结合夕阳红"老伙伴计划"，通过低龄老人服务高龄老人，联合暑期学生上门探访、电话慰问等形式进行互动，共计服务了辖区范围内百余名独居高龄老人，构建起了社区邻里互助网络，使老年人的日常生活有了更多保障。

图11 老年骨干积极参与社区治理

四、启示与展望

桃园社区在为老服务方面开展了一些探索，也得到了老年人的认可。但结合"四百"大走访广泛收集民意之后，仍存在老年人娱乐空间不足，高龄独居和行动不便的老人居家养老保障不足等问题，社区将继续深挖小区内适老化生态空间，利用数字赋能，实现"数字＋养老"一体化，推进未来养老社区与数字社会的融合发展。围绕重点和难点问题，多措并举满足老年人多元化需求。

（一）未来构想一：社区适老化生态空间打造

以社区微项目及自治项目为契机，在邻里中心周边及小区中心广场设置丰富的园艺体验空间、健身娱乐空间及休闲交流空间，如生态疗愈花园、户外棋牌、体育设施等，丰富老年人的感官体验，帮助老年人减轻压力，使他们能够尽情享受花园的乐趣，放松身心。

图12　老年人户外生态疗愈花园

（二）未来构想二：养老与数字相结合

利用数字化手段，如社区云、一网通办等社区智慧服务平台，实时更新、标注辖区高龄独居、高龄纯老、失独及孤老家庭，联合网格志愿者、"老伙伴"项目及辖区共建单位，形成基于信息和智能化管理与服务的社区管理新形式，为老人提供结对帮扶、医疗上门的生活服务。

（报送单位：嘉定区嘉定镇街道桃园社区）

专家评析

上海市嘉定区嘉定镇街道桃园社区具有"社区居住人口多，老年群体占比高"的特点。社区坚持以老年人的需求为导向，充分发挥党组织引领优势，前期通过调研，全面了解社区老年人的基本情况，为慢性病老人、新退休老人、有一技之长的老人等不同类型的老年人分层分类提供服务，并在老年友好型社区创建过程中充分发挥老年居民的智慧，使其共同参与社区治理。该案例打破社区原有独立格局，整合资源，植入共享理念，服务涵盖老年人"医、食、住、行"的方方面面，方便了社区老人获取服务，打造了现实版"桃花源记"。"医养、智养、托养、文养、体养"五养为一体的养老服务新模式，得到老年人的广泛认可，也把幸福"嵌"到了"念旧"老人们的心坎上，更为全国示范性老年友好型社区建设的探索实践提供了全新的"上海样本"。

刘　涛

上海市白茅岭医院　院长

构建吴房"六美"村落，
打造老年"幸福乐园"

吴房村位于奉贤区中部，距离上海中心区域直线距离只有40公里，交通条件优越。村域面积达1.99平方公里，共有479户人家，10个村民小组，户籍人口1 392人，外来人员650人，常住人口约1 920人。其中，60岁以上户籍老年人有577人，占户籍人口的45.1%；80岁以上的老人有91人，独居老人61人，失能失智老人32人。

吴房村以创建乡村振兴示范村为契机，以不断深化老年友好型社区建设为抓手，更好地满足老年人在居住环境、日常出行、健康服务、养老服务、社会参与、精神文化生活等方面的需要，积极探索建设具有吴房特色的"幸福乐园"，切实增强老年人的获得感、幸福感、安全感。

一、背景与动因

吴房村拥有悠久深厚的历史人文底蕴和丰富的农业资源，在党建引领乡村振兴的接续奋斗中，先后获得"中国美丽休闲乡村""全国乡村治理示范村""全国民主法制示范村""全国文明村""上海市模范集体"等荣誉。作为第二批全国示范性老年友好型社区建设单位，吴房村以创建乡村振兴示范村为契机，以不断深化老年友好型社区建设为抓手，充分发挥村级在创建工作中的组织和带动作用，广泛动员社会力量，整合多方资源，积极探索具有吴房特色的老年友好社区建设方案。

自创建老年友好社区以来，吴房村以提升老年人生活质量为目标，不断努力构建一个温馨、充满关爱的社区。近年来在实践中，吴房村形成了以"六美"为引领的老年友好村落建设方案，以"环境美""生活美"为龙头，"产业美""人文美""活力美""和谐美""四美"并重，努力创造更高品质的老年生活环境，让吴房村成为老年人的"幸福乐园"。

二、举措与机制

为夯实老年友好社区基础，打造更优质的老年"幸福乐园"，吴房村从环境改造提升、加强医疗卫生服务、实施心理关怀、打造颐养社区、构建多层次收益模式等多方面入手，积极探索，形成了一系列贴合需求、适合村情的机制和做法。

（一）开展"四化"工程建设

吴房村全面推进道路亮化、墙面美化、河面净化、河床绿化"四化"工程，让本村的"颜值"持续提高。建设景观和道路绿化6.21万平方米，高标准实施农村生活污水处理、供水管网、电力、通信、公共卫生等基础设施改造。

建设两网融合回收服务点，持续推动农村生活垃圾分类收运体系和"生活源"再生资源回收体系的融合；建设湿垃圾堆肥点和农业废弃物循环利用基地，实现农村湿垃圾就近、就地资源化利用。

此外，吴房村综合开展区域水环境治理，恢复水体自净功能，新增水面积8 000平方米。区域内35条河道均设置河长，负责相应河道的管理和保护工作，共促水天一色；在全村实现自来水入户的同时，还建设了具有乡土气息的便民水井，为老年人保留了熟悉的传统用水方式，并且村委会每月组织开展病媒生物防治活动，防止"四害"滋生。

在老年人住房改造提升方面，吴房村注重创新与传承相结合，以"三分灰七分白"海派江南建筑为特色，统一为203户住宅实施建筑风貌改造。

图1　完成硬化处理的村内道路

图2　河道保洁员常态化开展河道净化保洁

图3　美化后的住房墙面外观

（二）加强老年人基本医疗卫生服务

在医疗卫生服务方面，钱桥社区卫生服务中心和村卫生室共同负责本村老年人的常见病多发病诊治，村卫生室配备了179种基本药品，村中医理疗室开展拔罐、刮痧、针灸等中医适宜技术服务。家庭医生通过社区卫生服务管理信息系统对老年人实行健康管理，为吴房村295名老年慢性病对象建册立档，实行动态管理。60岁以上老年人家庭医生签约率超过80%，其中重点人群实现100%签约。基于"1+1+1"组合签约和家庭医生服务，通过发放健康教育资料、设置健康科普宣传栏、开展健康知识讲座、提供个性化健康指导以及微信推送健康相关信息等方式，为老年人提供健康教育服务，不断提高其健康素养。

（三）实施老年人心理健康关怀

吴房村作为国家第二批老年人心理关爱项目试点单位，由区卫健委、上海应用技术大学、钱桥社区卫生服务中心合作，对全村65岁以上老年人进行心理健康状况调查和评估。根据评估结果，自2021年起，由奉贤区心理咨询师协会开展"知心善行　情暖夕阳"老年心理关爱项目。开通热线服务，安排专职心理咨询师一年350天、每天10小时值班，及时为老年人排愁解忧。

同时，深化与钱桥社区卫生服务中心的合作，签订"青春里"颐养社区服务合作协议书，深入推进医养结合项目，增加健康服务点的数量和服务频次，为有需要的老人建立家庭病床，开具延伸处方、长处方，开展代配药服务。同时，通过党建联建扩大健康朋友圈，邀请区中医医院、区妇保所专家开展"中老年女性保健""中医治未病"等健康讲座。每年由奉贤区中心医院优秀志愿者团队开展义诊、健康讲座和上门服务，对老年人健康状况开展专项干预和指导。

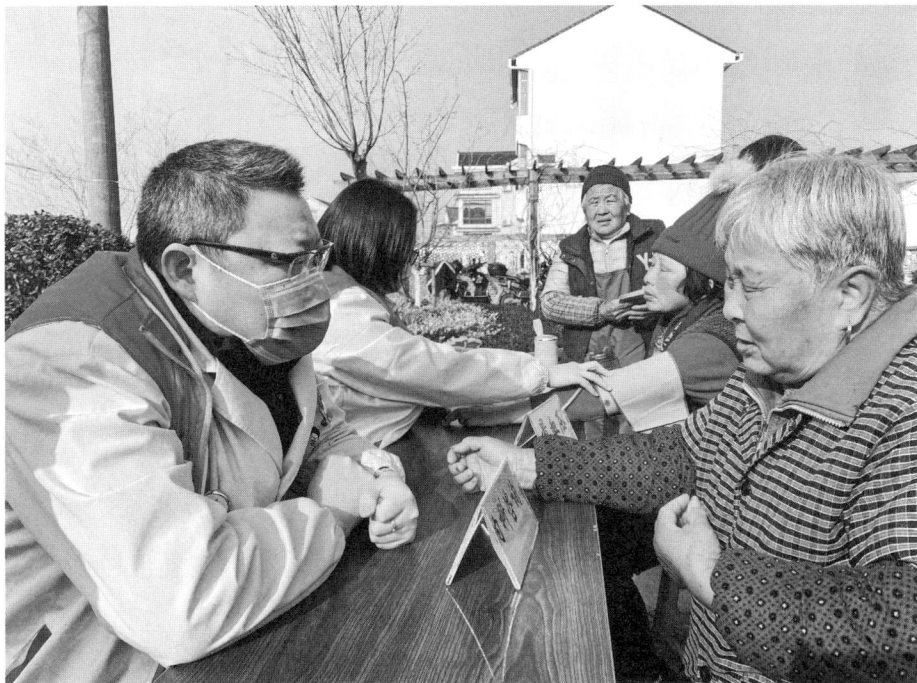

图4　依托社区卫生服务中心在村微公园内常态化开展便民义诊

（四）完善老年人生活服务

村委会制定特殊困难老人探访制度，每逢节假日，重点慰问关爱独居、失能、失独、重残等老人，并积极引导企事业单位、社会组织等进行结对帮扶。

为打通服务老年人"最后一公里"，吴房村利用村民闲置的宅基资源，延伸打造1个生活驿站、3个睦邻四堂间、5个党建微家等邻里互助阵地。其中，睦邻四堂间成为老年人吃饭的饭堂、聊天的客堂、学习的学堂、议事的厅堂，实现村民服务零距离、老年教育零距离。

图5　吴房村生活驿站

为解决宅基房流转后老人们居家养老的切实问题，吴房村创新探索农村老年人集中养老新模式，打造"青春里"颐养社区，改造17幢31套55间公寓，搭建起一个"不离乡土、不离乡邻、不离乡音、不离乡情"的"四不离"新型村域养老模式。截至2024年4月，已有42名老人入

图6　"青春里"颐养公寓

住,公寓一度供不应求。

(五)构建"租金+股金+薪金"的多层次收益模式

老年人的美好幸福生活离不开一定的物质基础。吴房村将老年友好型社区建设深度融入乡村振兴战略之中,以生活富裕为落脚点,通过构建"租金+股金+薪金"的多层次收益模式,确保村民持续增收致富,让老年人的钱袋子"鼓起来"。其中,"租金"包括老年人承包地流转租金和宅基房租金。

为进一步帮助老年人增收,村里还开设130个"家门口"就业岗位,包含黄桃产业工人、保洁保安、绿植养护、农创文旅服务岗等。村委会还成立青韵物业公司,为老年人开展职业教育培训。

(六)开展宣传教育

社区日常开展老年人防诈骗宣传教育、积极老年观教育、老年人权益保障普法教育(如民法典、国家信访条例),以及移风易俗、男女平

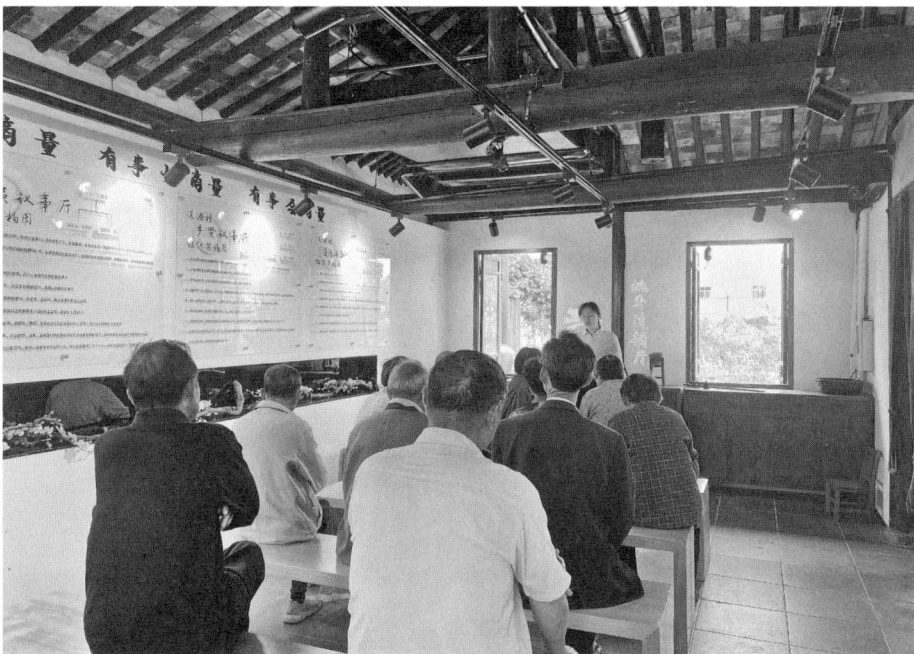

图7　常态化组织老年人开展各类培训教育活动

等、文明殡葬等方面的教育学习活动，引导老年人树立终身学习理念，增强自尊、自强、自爱意识。

针对农村法律氛围淡薄、老年人用法意识薄弱的问题，吴房村启动"法治带头人""法律明白人"工程，培育一批能真正深入乡村、融入基层的"草根"法律服务队，年均调解矛盾100余起。为补足法律专业力量的不足，镇、村、律师事务所三级联动，由经验丰富的老党员、司法所司法员、村调解主任及律师组成专业团队，实现"一村居一法律顾问"，负责老年人重大事项的法律指导、法律咨询、普法等服务（例如签遗嘱、置换上楼），进一步引导老年人知法、守法、用法。

三、创新与成效

吴房材通过开展"四化"工程建设，完善老年人基本医疗卫生服务，实施老年人心理健康关怀，提升老年人生活服务质量，构建"租金＋

股金+薪金"的多层次收益模式,开展宣传教育等一系列举措,为村内的老人们带来"六美"生活。

（一）环境美·安全宜居

结合"生态村组,和美宅基"创建,吴房村充分利用江南水乡赋予的自然生态禀赋,以"三分灰七分白"海派江南建筑为特色,对203户住宅统一实施建筑风貌改造,营造了一个既有"绿田粉墙黛瓦、小桥流水人家",又充满乡愁记忆的"桃花村"。同时,不断优化设施,让村内环境更加安全宜居,将392户村民的生活污水排放纳入市政管网,分别完成203户自来水管网扩容更新和天然气管网入户75户。积极为电网扩容,新建2座500千伏开关站;实现核心区域内智慧照明、智能水质检测、智能监控、无线网络覆盖。为高龄独居、失能、重残等老年人实施住房适老化改造49套,覆盖全部目标家庭。依托"老伙伴"项目,志愿者每月对独居、失能、重残等特殊困难老人的用水用电用气进行安全检查,对老化或损坏的设备及时改造维修,排除安全隐患。

图8　建筑风貌改造前　　　　　　图9　建筑风貌改造后

重点改造乡村道路2.13万平方米,建设观光道路3.86万平方米,完善反光镜、减速慢行、智能监控等设施,主干道实现100%沥青硬化。新建、改造独具风格的木桥、石桥15座,便民人行桥10座。区域内主要道路、老年人活动场地、住宅出入口均设置照明设施,在保障老年人夜间

出行安全的同时，打造江南水乡特色夜景。

在老年人集中活动的公园、村卫生室等区域建设标准化公厕4座。其中"后舍"还被评为上海市最美厕所。老人的主要活动场地均进行无障碍改造和"适老化"改造，设置电梯、座椅和休息空间。

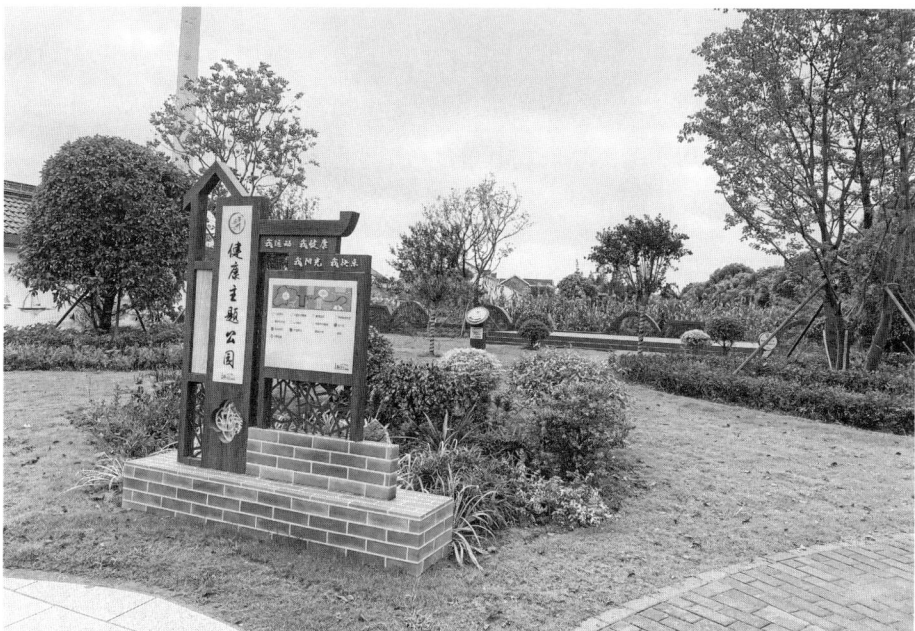

图10　健康公园

（二）生活美·健康舒适

2022年启动了村卫生室"智慧云药房＋微诊室"建设及标准化设施改造，让"智慧村医"常在村，方便村民日常检测和自我健康管理，满足慢性病老年人就近、24小时全天候就医配药需求。

通过系列科普讲座、义诊及转诊推荐咨询活动等，提高老年人对自身心理健康状况的知晓率，增强其心理健康意识和心理韧性；为28名心理认知高危老人开展每月一对一上门心理辅导，并建立独立档案，加强规范化管理。

村里的养老公寓配有功能完善的套房，安全应急设施和适老化改造设施一应俱全。为满足老年人的种菜需求，村里统一将原先的"景观绿化"变换为更加实用的"菜园绿化"，在谁家的宅前宅后就由谁家负责种植，不仅节省了绿化养护成本，老年人也得到实惠。同时，打造颐养社区"5分钟核心圈"，圈内建有日间照料中心、村卫生室、阳光康复站、健身苑点，由专业的第三方机构入驻运营，老人可享受文化娱乐、医疗健康、生活便民、代办帮办等更全面、更专业、更细致的服务。

图11　老年村民在"青春里"颐养公寓参加活动

　　在吴房农舍，每月开展一次村民融合日活动，让当月过生日的"老村民"和进村就业创业的"新村民"一起联欢。此外，还建设了吴房村智慧养老平台、24小时呼叫中心，为入住颐养公寓的老年人免费安装物联网设备，建立完善的应急救助流程。结合青村镇智慧养老信息平台，为高龄老人安装免费呼叫器、赠送智慧养老手环，提升老人居家生活的安全指数。同时，加快农村智能广播网建设，每天在固定时间播出适合老年人看的节目，还能根据老年人的需求实现应急插播等。

（三）产业美·增收致富

以吴房村119号民宅为例，房屋面积共255平方米，以前老人自己出租，一年租金至多1.2万元。现在租给村里，年租金收入5万～6万元，收益直接翻了好几番。此外，通过招商引进企业，相关税收纳入村集体账户，以股金形式分发给村民，实现村民变"股民"。通过对老年人进行专业技能培训，本村老年人实现"家门口"就业，按月领取工资，如"守护家园"解决了130名本村老年人的就业问题，既吸纳村内富余劳动力，又促进了老年人的社会参与，实现核心区老人年均增收5万元。

图12　居委干部在村党建微家内听取村民意见和建议

通过拍摄宣传视频，主动对接市区居委，帮助老桃农做社区团购。通过直播带货，拓展黄桃销售渠道。2022年疫情期间，吴房村号召村民参加区委组织部发起的"红色帮帮团"行动，打通农产品从田间送到社区的快速通道，累计销售黄瓜、西红柿2万余斤。

（四）人文美·精神富足

建立"红之源"党员志愿队、"青之翼"青年突击队、"粉之彩"巾帼文宣队，结合"老伙伴"项目，共同打造为老志愿者联盟。结合端午、中秋、重阳、元宵等传统佳节，以文艺汇演、点心制作等多样化形式开展"吴房村的节日"系列庆典活动，活动反响非常好。在中秋节、重阳节、春节，为全村60岁以上老年人送上节日福利。在桃花节，邀请全体村民开展"吴房邀您回家"系列主题拍摄活动，促进代际互动，缓解老年人的孤独感。

图13　组织老年村民在吴房农舍共同欢度元宵节

（五）活力美·夕阳重辉

引导和组织老年人积极参与社区治理和服务，实行自我管理、自我服务、自我教育、自我监督，着力构建共建共治共享的乡村治理新格局。同时，加强老年人的自我健康管理，自管小组每月开展一次健康活动，并不断扩大覆盖范围和受益人群。

此外，打造了一批老年人参与的文体团队，包括"乐夕阳"舞蹈队、健身气功队、健身操队、沪剧团、打莲湘等多个团体，活跃在田间地

图14　老年舞蹈队在重阳节表演节目

头和百姓舞台，为村民带来丰富的文艺表演节目。充分利用村民宅基课堂、生活驿站等阵地，设置棋牌室、放映室、图书馆、舞蹈室，每日更新课程表，以老年人喜爱的形式开展教育活动，丰富老年人的精神文化生活。

（六）和谐美·孝亲敬老

不断强化家庭在农村老年人赡养与关爱服务中的主体责任，依托村规民约增强对孝亲敬老的道德约束，将孝贤文化建设、亮家风家训纳入与村民的"美丽约定"。组织多种形式的敬老爱老助老主题活动，加强对"敬老文明号"和"敬老爱老助老模范人物"的宣传报道。

同时，面向全体村民大力开展选树典型、弘扬先进的活动，加强村民"四德"建设。广泛开展最美家庭、好媳妇、敬老好少年等评选活动，涵养孝亲敬老好民风。这些举措共同营造了吴房村浓厚的孝亲敬老氛围，村民无论老小，生活和谐美好。

四、启示与展望

上海市奉贤区青村镇吴房村为创造更适合老年人居住、更好促进老年人健康的社区进行了多方面的探索与实践，为深化老年友好型社区建设提供了基层经验。

（一）启示

吴房村构建"六美"村落，打造老年"幸福乐园"的模式是一个在全国范围内可复制、可推广的典型的农村社区幸福养老模式。

在创建过程中，吴房村一方面积极打造老年友好环境，完善公共服务设施建设，使村居颜值、安全环境进一步提升；另一方面，积极构建多元养老格局，融合政府、高校、社会等多方力量，为老年人绘就幸福晚年图景。在探索过程中，逐渐形成了以"环境美""生活美"为龙头，"产业美""人文美""活力美""和谐美"并重的"六美"老年友好社区建设的吴房方案。

（二）展望

吴房村以高水平发展、高品质服务和高质量监管为农村老年人提供多梯度、多元化、多样式的服务。

展望未来，吴房村将继续以"老有所养、老有所为、老有所依、老有所乐"为目标，探索为老服务新模式，争取让"六美"的每个"美"都大放异彩。吴房村将继续坚持以人为本、关爱为先的理念，不断完善吴房村老年友好型社区建设，提供更多优质的服务。同时，吴房村也期待与更多社区展开合作，共同推动老年友好社区的发展，为每一位老年人创造一个幸福、健康、有尊严的生活环境。

（报送单位：上海市奉贤区青村镇吴房村）

专家评析

上海市奉贤区青村镇吴房村构建"六美"村落，打造老年"幸福乐园"的模式独具特色。吴房村的"六美"特色既具有全面性，也具有典型性。"六美"满足了马斯洛需要层次理论所界定的人的需要的各个层次。其中，环境美·安全宜居、生活美·健康舒适和产业美·增收致富满足老年人的生理需要、安全需要；和谐美·孝亲敬老和人文美·精神富足满足老年人的社会交往需要和尊重需要；活力美·夕阳重辉满足老年人的自我价值实现需要。"六美"真正实现了老有所养、老有所依、老有所学、老有所乐、老有所享和老有所为六个方面的养老需要。

吴房村养老模式具有四个方面的创新性和鲜明特色。一是打造"不离乡土、不离乡邻、不离乡音、不离乡情"的"四不离"养老新模式，这一模式符合农村养老实际情况。二是农村宅基睦邻"四堂间"结合互联网＋"三社联动"，引入专业的社会组织，开展手指操、凳子舞等文体活动，开办防跌倒训练、记忆力训练、智力训练等课程，提供代缴代办、便民服务、汇演义诊等志愿服务，已经成为全国农村公共服务典型案例。三是"青春里"让老年人开启新生活：学堂、厅堂、饭堂样样都有；娱乐、养身、养老一样不少。四是以增加老年人收入为抓手，促进租金、股金、养老金"三金"增长，真正实现乡村振兴和共同富裕的国家战略和目标。

曹艳春

华东师范大学　教授

"自治"＋"共建"：构筑乐享老年友好社区

柳城新村社区隶属于上海金山石化街道，属于混合型社区，涵盖六村和八村2个自然小区，总面积共11.02万平方米。截至2022年底，辖区常住居民有2756人，60岁以上老年人有1301人，约占常住居民总数的47.21%，其中60～79岁老年人1010人，80岁以上老年人290人，独居老人154人，纯老家庭221户465人，失能失智老人23人，老龄化程度较高且呈现出深度老龄化态势。近年来，柳城社区居委充分发挥党建引领优势，整合区域资源，完善社区为老服务设施，优化助老服务模式，培养社区助老志愿服务队伍，打造了一个安心、贴心、舒心、知心、暖心、省心的老年友好型社区。

一、背景与动因

柳城新村社区与辖区内两大央企渊源深厚，居民大多为上海石油化工股份有限公司和中国核工业建设第五公司原职工及其家属。社区周边拥有许多交通便捷、服务专业、老年友好的多样化服务型阵地，包括金山区党群服务中心，内设器乐训练、图书阅览、戏剧演出等30多间活动室，能够满足老年人的一站式综合服务需求；石化街道第二综合为老服务中心，内设老年人就餐、日间照料、康复训练等，能够满足老年日常生活需求；社区卫生服务中心方便老人就近就医，每年为老年人提供免费健康体检等；金山区老年大学、石化街道社区学校，作为老年人文化培训的主课堂，为老人的精神文化学习提供了极大便利。

然而，由于社区居民的居住属性问题，辖区内的89幢7层以下多层建筑和4幢高层建筑，总体存在户型小、房屋老旧、总价低，房屋置换率高且流入居民大多为独居、高龄等弱势群体的情况，社区老年人群多元化服务需求和供给矛盾日益凸显。一是纯老、独居老人、高龄老人多；二是居民区为老服务公共资源有限，难以满足老年人更趋多样化、精细化、个性化的服务需求。为积极应对社区人口老龄化及老年人的各类服务需求，柳城新村社区以"自治+共建"为构筑老年友好社区的落脚点，切实增强居民的获得感、安全感和幸福感。

二、举措与机制

社区治理和为老服务是社区发展的重要组成部分，而志愿者服务、爱心关怀以及共建共治的实践是构建社区和谐稳定的关键。柳城社区针对自身特点和资源禀赋，通过以下几方面的探索和实践为社区老龄人创造了友好健康、幸福友爱的生活环境。

（一）"金石榴"志愿服务队暖心探索，初尝自治滋味

2015年，柳城新村社区成立了一支由居民自发组织、自我管理、自主协调的服务队伍——"金石榴"志愿服务队。其创始人为居住在临海大楼中核五集团的退休工人也是退伍军人的蒋世华，志愿服务队主要为行动不便的老人提供上门理发、维修电器、疏通马桶管道等服务。由于需求量不断增多，志愿服务队便将每月15日固定为便民服务日，许多单位有一技之长的退休居民纷纷加入，免费为社区居民理发、测量血压、缝纫修补等。"金石榴"志愿服务队在发展的过程中不断弘扬志愿服务精神，通过"邻里管邻里、邻里帮邻里"的模式集聚向善温暖力量，许多怀有一技之长的居民受到感召纷纷加入志愿服务队。截至2023年12月底，志愿者人数从成立时的几人发展到30余人，累计开展睦邻活动170场，服务老年人5 000余人次。2022年疫情防控特殊时期，理发这件日常生活中的小事，成为困扰小区居民的一件"大事"，特别是给居家多日的居民带来了诸多不便，"金石榴"服务队便自发组织上门为老人理发，居委会也在柳城新村社区不同自然小区内积极招募会理

发的志愿者，为社区干部、志愿者、居民群众分批有序理发。此外，"金石榴"志愿服务队不断探索居民自治新路径，积极争取中核五公司的支持，与中核五退管会党支部结对共建，中核五公司免费腾出一间集体资产房屋，成立了自治工作坊。工作坊成立后，通过回收居民废弃物品建立了工作坊自治基金，如遇大楼居民婚丧嫁娶等，便利用基金表示慰问，截至2023年12月底，累计慰问100多人，涉及金额8 000余元，形成良性循环和可持续发展自治模式。

2023年，依托社区微课题调研，居民区采用了包括问卷调查、座谈访问和案例研究等在内的方法，以96名志愿者和96名不同背景的弱势对象作为调查样本，形成调研报告《志愿服务在"实效"，提升技能重"实用"》，探讨如何提升社区志愿者服务弱势群体的实用技能，引用具体事例和数据，以展示这些技能的重要性以及如何有效地提高志愿者

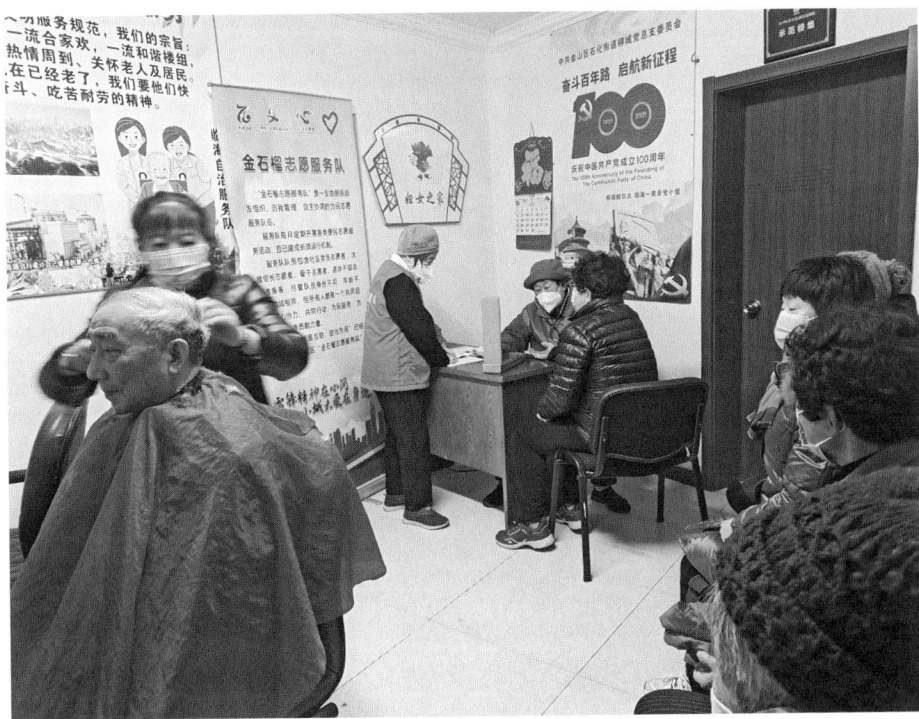

图1　"金石榴"服务队每月15日开展便民服务

的上述技能。志愿者是连接社区与弱势群体的重要桥梁。志愿者的技能水平直接影响到他们为弱势群体提供服务的质量。因此，提升志愿者的实用技能至关重要。总的来说，培训课程、实践机会和导师制度等方式，有效地提升了社区志愿者服务弱势群体的实用技能，提高了志愿者的服务质量，也可以增强他们为社区做出更大贡献的能力。

（二）"爱心点名"行动自治升级，社区治理迸发活力

2021年，石化街道党工委以党史学习教育为契机，探索推行"爱心点名"行动，作为区委书记牵头的"我为群众办实事"主题实践项目，成功申报为上海市委党史学习优秀主题实践项目。柳城新村社区按照街道党工委的工作要求，认真细致地梳理出点名对象200余人，分类设置"金色孤老、银色独居、蓝色纯老、绿色高龄、橙色特殊"五色关爱圈，并招募"爱心点名"行动志愿者49人。用不同颜色区分关注重点，并提供相应的服务。同时，完善各项机制，如特殊关爱人群紧急救助处置流程等。截至2023年12月底，"爱心点名"行动已累计点名10万余人次，处置特殊案例6例。如2022年4月，小区内有独居老人突发身体不适，需紧急送医做血透治疗。由于老人子女无法及时赶来，后由"爱心点名"志愿者陪护老人完成治疗、配药，并安排每日上门回访。小区有孤老因摔跤导致骨折，由志愿者送医陪护，并在老人康复期间不时到医院探访。2023年元旦前后，正值新冠病毒感染高发期，"爱心点名"志愿者每日主动关心点名对象1～2次，及时掌握老人的身体健康状况，并为他们提供送医配药等服务，确保他们平稳有序度过这段特殊时期，让最弱势的群体感受到了社区的温情与照护。2023年，在街道营商办的牵头下，联合电信，"爱心点名"从1.0版升级至2.0版，启用AI智能外呼，街道党工委还结对金山医院，建立"爱心点名"老人紧急就医绿色通道，为老年人保驾护航。"爱心点名"工作通过"以老助老、志愿为老"模式，努力实现"老来不缺爱、社区有关爱"，不断拓宽居民自治的内涵与外延。

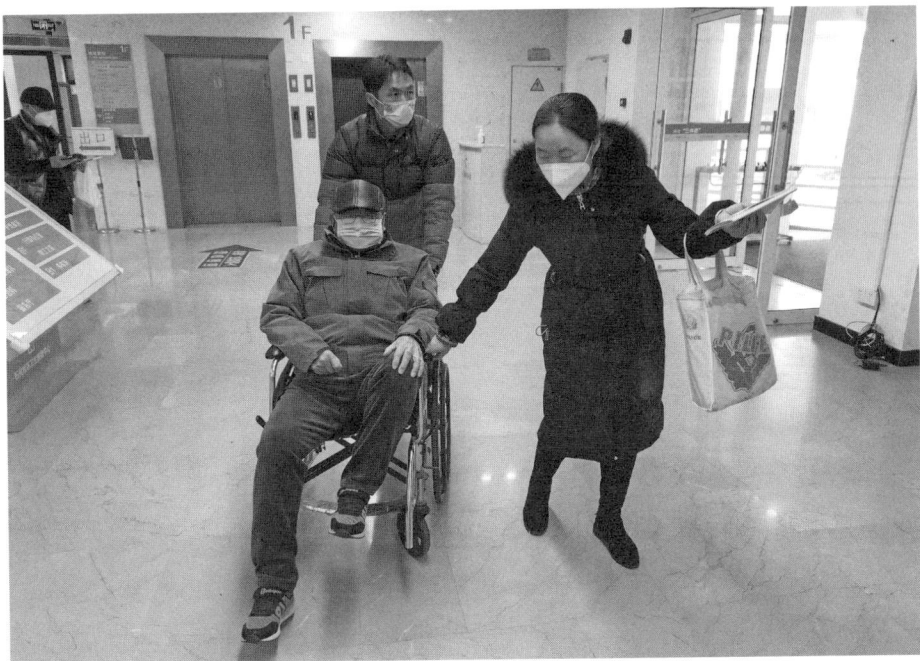

图2　"爱心点名"志愿者陪护小区孤老送医治疗

（三）共建办实事，多元"共治"的升级与延伸

柳城党总支通过区域化党建与8家单位党组织开展结对共建，共建单位每年通过实事项目认领等方式，筹集资源为居民解决日常生活中遇到的问题，不断优化老年人的居住生活环境，成为社区共治的有力助手。

1. 提升硬件设施品质，老旧小区"变身"幸福家园

车棚改造，让居民由"摇头"变"点头"。柳城广霖大楼建于1989年，共有126户居民。因历史原因，大楼前原有的停车棚由于不设门锁，不能充电，年久失修，存在较大安全隐患。共建单位区委办积极与消防、城管、街道建管中心等多单位沟通协调，积极对旧车棚进行改造。新车棚占地60多平方米，不仅在出入口处设置了门禁卡识别系统，同时配有监控系统、声控照明灯及智能充电桩等智能设备，在保证安全的基础上，极大地方便了居民，由于车棚出入口紧邻大楼的无障碍通道，老

车棚改造前　　　　　　　车棚改造中　　　　　　　车棚改造后

图3　广霖大楼车棚造前后

年居民停放车辆更便捷。

　　花卉景观，让居民收获"小"幸福。在岱岚、华鼎、临海3幢大楼附近的一块空地上，区委办、区绿容局党员志愿者及社区干部结对共建，除了保留原有的树木之外，在空地上分层次种上金丝桃、三七兰花、芍药等数百株植物，打造"百米花卉长廊"，居民惊喜万分。

百米花卉长廊改造前　　　百米花卉长廊改造中　　　百米花卉长廊改造后

图4　花卉长廊改造前后

　　"数字科技伴老年，便捷生活在眼前。"2019年12月，柳城新村社区共建结对中国电信金山公司，在小区内设置智慧家庭体验点，为老年人开展智慧网络培训，让更多老人学会线上挂号预约、政务网点手机查询、微信语音聊天和智能支付等数字服务，享受科技带来的便捷。2022年下半年，中国电信金山公司还免费试点为小区65周岁以上老年人家庭安装IPTV，帮助老年人跨越数字鸿沟，使其充分享受信息社会、数字生活的红利，提升老年人生活品质。

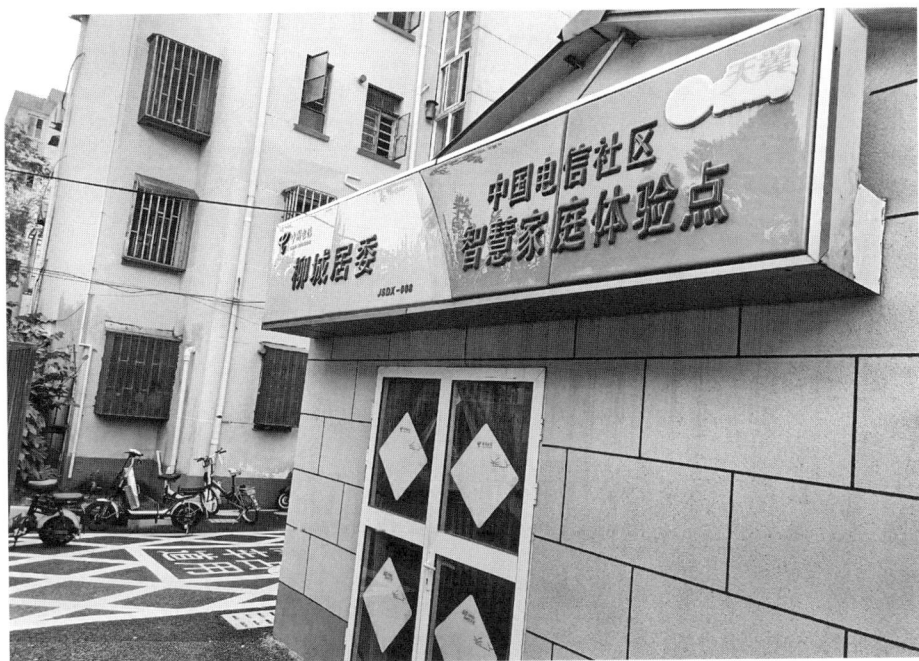

图5　电信公司在小区设立智慧家庭体验点

2. 共享为老资源，深耕服务品牌，共建有花有海、有光有爱的社区

依托辖区各类阵地，提升软性服务内涵，为老年人打造温馨便利的友好社区。2022年10月8日，辖区内街区合一的金山区党群服务中心正式启用，新中心占地约21.5亩，是集党群活动、文明实践、政务服务、文体服务、便民服务等功能于一体的一站式综合枢纽，内设数码钢琴房、舞蹈房、合唱室、图书馆、离退休干部之家、戏剧室、健身房等30多间活动室，老年居民可以在一站式活动场所，吃得实惠放心，看得快乐开心，游得舒适悠闲。

此外，柳城附近还有许多交通便捷、服务专业、老年友好的各类服务型阵地。如石化街道第二综合为老服务中心，提供老年人就餐、日间照料、智慧健康驿站、老年认知障碍康复训练等，满足老年人的日常生活需求。社区卫生服务中心每年面向老年人开展免费健康体检、大肠癌筛查、肺炎疫苗免费接种等服务项目，还派驻1名社区家庭医生，为柳城新村社区1 040位65岁以上老人开展签约基本医疗服务,覆盖率达100%,通过"线上预约+线下上门"的医疗服务模式,让行动不便、高龄老人能居家就医。上海福申护理院、上海九和堂中医医院是居民区共建单位,院方也积极为居住在柳城新村社区的老人提供上门代配药、收治等多项养老服务。

2022年12月,小区重点关注对象高龄大病独居老人黄阿姨,由于发烧不适在家做抗原检测,才发现自己感染了新冠,面对疾病,黄阿姨害怕、无措、紧张,居委会了解情况后第一时间安抚老人,并紧急联系社区家庭医生钱宏威,钱医生赶忙跑到黄阿姨家里为其诊疗,及时联络急救车辆将其送往院内进行治疗,由于医疗介入及时,老人最终脱离了感染重症的危险。

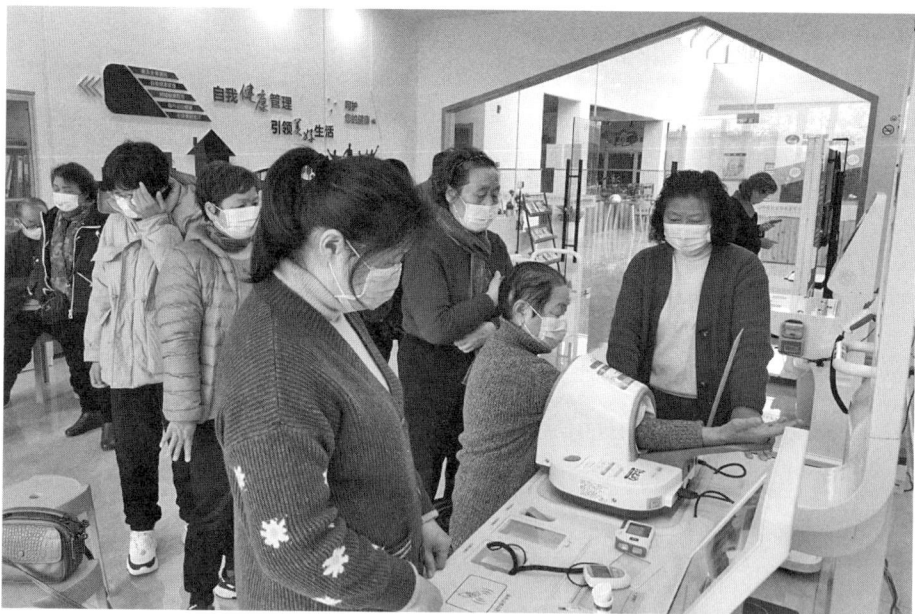

图6　石化街道第二综合为老服务中心健康驿站

三、创新与成效

随着社会老龄化问题的日益突出,社区为老服务的需求愈发迫切。

在此背景下,柳城社区积极回应,以创新的方式打造为老服务金色名片,并致力于构建社区治理新局面,通过以下两方面的探索和创新实践,不断完善服务设施,优化服务模式,为老年人打造温馨、安全、和谐的社区生活环境。

（一）打造为老服务金色名片

柳城新村社区积极应对社区人口老龄化问题,以"金石榴"志愿服务队为抓手,不断完善社区为老服务设施,优化助老服务模式,打造暖心的老年友好型社区。同时,"金石榴"志愿服务队从一个人发展到一群人,志愿服务品牌不断释放辐射效应,为推动形成管理有序、人际和谐、治安良好的老年友好社区做出了有益的探索。

（二）打造社区治理新局面

柳城新村社区作为老旧小区,在"自治+共建"的模式下,变居委会"独角戏"为居民及社会各方"全参与",丰富了城市社区治理的内涵,拓展了基层治理的路径,构建了"熟人社区"的和美氛围,与时俱进推动基层工作不断焕发新的生机和活力,也为全国示范性老年友好型社区建设的探索实践提供了全新的"柳城样本"。

四、启示与展望

全力打造一个有花有海的社区,是石化街道近年来的重点工作,也是滨海居民们对幸福生活的美好向往。在此契机下,柳城新村社区通过探索建立"金石榴"志愿服务队、深耕"爱心点名"为老服务品牌、建立五色关爱圈、共建共享等方式,变居委会"独角戏"为居民及社会各方"全参与",丰富了城市社区治理的内涵,拓展了基层治理的路径,有效增强了社区老年居民朋友的获得感、安全感和幸福感,也为金山区为老服务工作提供了良好的示范引领作用。

下一步,柳城新村社区将在区老龄办、石化街道的指导下,以创建全国老年友好型社区为契机,积极探索"爱心点名"行动3.0升级版,结合特殊老人探访关爱制度，为爱加码、让爱传递，同时发挥党建引领优势，深化结对共建，加强社区"15分钟为老服务圈"各项资源联动整合，不断丰富行动内涵，让老有所养、老有所乐、老有所为、老有所学的社区养老模式在柳城更加有效落实和有力呈现，打造一个可复制、可推广的滨海社区为老服务新样本。

（报送单位：金山区石化街道柳城新村社区）

专家评析

　　石化街道柳城居民区努力践行"人民城市人民建，人民城市为人民"的宗旨，积极打造有温度的老年健康支持性环境。社区居委充分发挥党建引领优势，整合区域资源，完善社区为老服务设施，优化助老服务模式，培养社区助老志愿服务队伍，打造了一个安心、贴心、舒心、知心、暖心、省心的老年友好型社区。在此过程中，特别值得一提的是柳城社区打造的"金石榴"志愿服务品牌，真正实现了基层社区"自治+共建"的融合模式，变居委会"独角戏"为居民及社会各方"全参与"，丰富了城市社区治理的内涵和实施路径，构建了"熟人社区"的和美氛围，也为全国示范性老年友好型社区建设的探索实践提供了全新的"柳城样本"，具有较强的实践指导意义和示范作用。

罗　津
上海交通大学健康长三角研究院　院长助理、副研究员

社会参与篇

"四力共治"：打造老龄社会治理共同体

天平村地处宝山区罗店镇东北角，村域面积约为2.4平方公里，户籍人口1531人，60岁以上户籍人口742人，约占总户籍人口的48%，其中60～79岁老年人625人，80岁及以上老年人117人，呈现重度老龄化趋势。人口结构的变化给天平村的治理带来新问题、新挑战。

为提供更充足的医疗养老服务、更多样的社会参与路径和更丰富的精神文化资源，天平村积极搭建参与乡村治理的多元平台，紧密联合老龄党员、老年法律顾问、银龄智囊团、老年"乡贤"四方力量，"四力共治"打造老龄社会治理共同体，推动社区共建共治共享，探索建立老龄友好型社区创建工作模式和长效机制，切实增强老年人的获得感、幸福感。

一、背景与动因

在2023年创建全国乡村治理示范村及全国老年友好型社区的过程中，老年人群体对治理体系和治理能力提出了更高的要求。深入基层调查研究发现，天平村老年人的主要诉求集中于医疗健康、社会参与和日常休闲三个方面：一是医疗健康需求强烈。通过走访了解到80%以上老年人都有糖尿病或高血压等慢性病，需要更优质的康养资源。二是社会参与诉求加大。老年人退休后希望发挥自身余热，并且考虑到村内产业融合发展体系优势，希望村里能够为其提供更多参与的机会。三是精神文化生活单一。天平村老年人主要居住在大郁、中申、申家楼3个小区，一般都是子女不在身边的纯老家庭，日常活动比较单一，缺乏群体性文体活动。结合天平村老年人的主要诉求，老年社区建设既需创造老年人积极参与的平台和机会，也需要破除村民和村委会之间的信息壁垒。为此，天平村充分结合社区为老服务特点，在创新全国老龄友好型社区工作模式和长效机制方面做出了一系列有益探索。

二、举措与机制

为解决老龄化社区治理所面临的突出问题，村委会以强化治理主体为抓手，紧密联合老龄党员、老年法律顾问、银龄智囊团、老年"乡贤"四方力量，打造"老龄党员带头自治、老年法律顾问服务自治、银龄智囊团参与自治、老年'乡贤'集体助力自治"的老龄社会治理共同体，吸引村老年人主动参与社区治理，探索出一条老龄村民自我管理、相互扶持、共同建设的社区治理道路。

（一）老龄党员带头自治

村委会组织天平村老龄党员充分发挥经验优势，主动参与村级治理，有效提高天平村基层治理水平。在乡村治理中带头示范，以老党员的先进性带动群众全面参与乡村社区治理。天平村以村内严文光、王文云、杨文元等为代表的老干部、有声望的老村民、党员先锋为重点对象，鼓励其担任六大委员会①委员，积极参与乡村治理工作。

天平村老龄党员自治团队针对老年人医疗健康诉求建言献策，村委会吸纳相关调研建议，减免农业户口的村民合作医疗费个人部分和老年人"银发无忧"保险、提高农民看病住院自负部分报销比例、增加老年人农民农保补贴，真正为民解忧，服务群众，为民谋利。

针对群众急难愁盼问题，组建3支村级"暖心服务小分队"，每支小分队由6名退休老党员组成。2023年，结合党员固定活动日、雷锋日等系列活动，老党员"暖心服务小分队"主动组织扶助村内行动不便的老

---

① 公共卫生、人民调解、治安保卫、环境物业、自治群团、民生服务六大委员会。

图 1　老党员参与"创全"工作

人打扫卫生、联系医护人员开展义诊等活动,践行共产党员永不褪色的使命。此外,老龄党员们还化身"银龄护航巡逻队",主动参与乡村人居环境整治、创全、垃圾分类工作;积极响应"你心我心文明同心,你行我行创建同行"口号,参与志愿环保服务和志愿巡逻服务,不畏艰难、坚守岗位、认真负责,彰显老龄共产党员的榜样力量。

（二）老年法律顾问服务保障自治

结合天平村乡村产业融合发展优势和老年村民参与社会生活的需求,天平村做强村域经济,为老年人提供不固定岗位和工作时间的就业机会,丰富老年人的晚年生活,促进老年群体在家门口二次就业增收。在此过程中,日益丰富的社会生活和人际交往容易产生矛盾纠纷。为保障老年人的合法权益、调解日常生活纠纷,天平村主动增强老年法律顾问力量,由退休的法官、两名专职老年调解员、一名法律明白人、一名法律带头人为该村提供老年法律顾问服务,通过法律咨询服务保障社区自治。

用老百姓的"理"，平老百姓的"事"。自2023年以来，老年法律顾问已调解邻里矛盾纠纷十余件，切实充当村级矛盾的"和事佬"，在帮助群众"断家务事"的过程中，用"余热"树立良好乡风。此外，老年法律顾问团队成员发挥专业特长参与村日常工作，协助村委会制定、修改和完善村规民约等，助力基层民主自治法治化，引导农民办事依法、遇事找法、解决问题用法、化解矛盾靠法。通过定期召开面向老年村民的培训会、咨询会等为老年村民提供法律援助服务。老年法律明白人、法律带头人会定期围绕民法典、刑法、老年人权益保障法、法律援助法等法律法规中与老年人生活密切相关的赡养、继承、居住权以及防范养老诈骗等问题进行讲解，引导老年人学会运用法律武器来维护自己的合法权益。

图2 老年村民提供法律顾问服务

（三）银龄智囊团参与自治

在老龄党员带头自治、老年法律顾问服务保障自治的基础上，村委会引导建设"银龄智囊团"，由村民组长、村民代表、物业经理组成，作为天平村全域化管理办公室的组成部分，立足经验优势，合力破解3个集中居住小区邻里纠纷、外来人口管理等难题。

在2023年"四百"走访过程中，银龄智囊团深入调研，建言献策，积极与村两委班子联动，切实解决大郁小区电瓶车充电难及存在的安全隐患问题，新增充电桩100个，集中解决小区内电瓶车乱停放、充电难问题。2023年7月，申家楼小区6户村民反映下水道堵塞，返臭问题严重影响村民正常生活。银龄智囊团通过走访入户调查、实地勘查、集思广益，及时向村两委班子反映并协商解决此事，得到村民的一致肯定。

图3　银龄智囊工作例会

除问题导向的不定时工作外，天平村银龄智囊团在村委的指导下完善日常工作体制机制，有序推动村民自治共治常态化进程。通过每周工作例会自主开展活动，建立应急处置流程，统筹处置紧急问题，根据村民需求就近定向提供服务，让村民成为自治共治的主体，打通为民服务"最后一公里"。

（四）老年"乡贤"集体助力自治

考虑到天平村老年人数量多、需求大，精神文化生活单一的问题，村委会盘活现存空间资源，打造"众文空间"赋能乡村美育。通过邀请村内的沪剧达人、书画大家、离退休干部等能干愿干之人，组建起一支老年"乡贤"队伍，丰富老年人的精神文化生活。

一是发挥乡贤的优势和特长，深入挖掘罗店历史文化底蕴，举办丰富多彩的老年群众性文化活动。依托镇域优生优育指导服务点，积极开展"老带小"罗店彩灯非遗传承体验活动；结合传统节日开展"粽叶飘

图4　天平村老人参与端午节包粽子活动

香迎端午，邻里和谐叙乡情"包粽子比赛；鼓励老年舞蹈队及沪剧队积极参与镇上花神节、龙船节文化展示活动，提升老年村民的归属感、幸福感；举行"健康服务零距离，中医义诊暖人心"的义诊活动，满足村民康养需求；举办"土布包"制作活动，让老年村民们体验民间文化风采；举办"快乐多肉，指尖花园"微景观活动，增强村民们的爱绿、护绿意识。

　　二是引进专业文化资源，推动外来乡贤建强社区精神文化内涵。邀请退休画家李新卫入驻众文空间，引导其组织开展相关艺术创作活动，展示陈列李新卫以及天平村乡村振兴题材的绘画作品和文创产品。李老师定期面向老年村民开展书法及绘画培训、公益讲堂等各类文化活动，以提高老年村民的文化艺术修养。如举办"水墨丹青共谱华章，翰墨飘香喜迎元旦"活动、中国画学习活动等，陶冶村民的艺术情操。发挥"乡贤"美育力量，激发老年村民文化创新创造活力，满足老年村民对美好生活的向往。

图5　众文空间老年人部分作品

　　三是打造"悦·银龄"志愿者服务品牌，在村内定期开展活动，凝聚关怀社区的乡贤力量。针对独居、空巢、失能、计划生育特殊老年人推出个性化服务，定期入户探访慰问。充分发挥老年"乡贤"凝聚人心、教化群众、淳化民风的作用，持续推动"眷彩人生"失独家庭生育关怀、"老伙伴"计划等服务品牌落地，促进老年群体自助互助，营造有温度的熟人社区。组织开展多种多样的老年人文化活动、健康知识讲座活动，并针对诈骗事件频发的现象，大力推广防诈骗宣传教育，让老人远离网络诈骗。

图6　邀请社区民警为老年人开展防诈骗宣传

三、创新与成效

　　天平村坚持以"敬老爱老、老有所为、优化服务"为方针，不断加强组织体系、规章制度和服务队伍建设，为社区为老服务工作创新发展提供坚强保证。

（一）加强组织建设，充分发挥支部引领作用

天平村成立了以村党支部书记和村委会主任挂帅的工作小组，下设由村党支部副书记牵头、三名条线干部组成的调研服务组，由村委会副主任牵头、三名条线干部组成的项目推进组，基本融合了村两委组织架构，整合了全部村干部资源。同时，工作小组还要求做到"三严"，即责任分工严密、组织纪律严明、工作要求严格。工作小组深入村民调查研究，寻找"真问题"，探索搭建村民参与乡村治理的多元平台。

（二）大兴调查研究，深挖群众急难愁盼问题

一是通过小组成员点对点对接独居老人，健全定期走访机制，对家庭设施进行安全检查，整理走访登记手册，建立老年村民健康情况等台账，为社区治理提供大量的一手材料。

二是组织老党员和银龄智囊团助力"村居老年人养老"需求调查工作，涵盖送餐服务、医疗功能、家政服务、老年大学、老年活动室、户外

图7　卫生服务站医生为老年人开展健康讲座

活动场地等6类老年人需要的服务项目。经调查,健康需求是大多数老年人的第一需求。因此,天平村与卫生服务中心持续开展合作,成立天平村卫生服务中心,配备2名社区医生。通过家庭医生签约服务、上门巡诊等方式,创造便利可及的基层医疗卫生服务,基本满足村内老年人治疗高血压、糖尿病等慢性病的常规性药品需求。每周开办中医下沉活动,满足老年人的中医诊疗需求。

（三）多元主体参与,促进村民生活提质增效

老龄党员、老年法律顾问、银龄智囊团、老年"乡贤"在开展日常治理工作过程中,搜集信息,畅通村民和村委会之间的沟通渠道,把握村民生活需要,为老年友好社区建设提供支撑。在"四力共治"的支撑下,天平村聚焦60周岁及以上老年人的安全、健康等需求,对低保等困难家庭老年人给予一定额度的全额补贴,对长期失能等符合条件的老年人予以适度补贴。考虑到村里3个集中居住小区内有较多的老年人,天平村对小区内住宅的卫生间进行适老化改造。小区共建配套由区、镇、村三级财政出资,煤气、自来水、电力等基础设施都通到村民家中,每户老百姓都有独立厕所,并且安装冲水马桶。此外,为改善老人居住休闲环境,天平村对村域范围内的所有河道沟渠进行清洁,在东印河、西印河及天平宅沟周边安装铁艺护栏、氧气泵,铺设岸坡绿化（杨柳树、桃树）,种植荷花,搭建亲水平台,铺设景观长廊,建造景观小岛,打造独特的河道景色。

"四力共治"支撑村委会积极作为,由此探索出一条共建共治共享的老年友好社区治理道路。2023年开展的老年人心理健康问卷调查结果显示,天平村老年人心理健康状态良好率达到90%。天平村荣获全国乡村治理示范村、全国一村一品示范村、全国乡村特色产业亿元村、上海市文明村、上海市农村社区建设试点示范村、上海市乡村振兴示范村、上海市老年友好社区等多项荣誉。

四、启示与展望

天平村积极打造"四力共治"老龄社会治理共同体机制,在推动社区共建共治共享,实现老年人"老有所为、老有所乐"的美好生活愿望中发挥了重要作用,但同时也发现了一些短板问题,将在今后的进一步探索中完善。

(一)问题与不足

村民自治队伍成员文化程度不高,一定程度上缺乏提供意见和建议的专业分析能力,工作效率较低。

"四力共治"老龄社会治理共同体需要更好的治理环境。社区治理过程发现若干问题无法统筹解决,需要村委会发挥产业优势从根本上改善老年友好社区的建设条件。

"四力共治"老龄社会治理共同体缺乏高效联动。尽管各条线深入一线满足村民所需,且均取得了一定的成果,但在联动增效方面需要提质增效,否则容易导致重复工作。

(二)下一步工作思路

创建老年友好型社区多注重适老化改造、无障碍设施等物理环境,却容易忽视帮助老年人积极主动融入社会。天平村特别注意老年人"老有所为"这一理念的贯彻。罗店镇天平村将积极发挥老年人在村民自治、邻里互助、环境整治、平安建设等方面的作用,全方位、多层次打造老龄社会治理共同体,推动建设共建共治共享的和美农村社区。

下一步,罗店镇天平村将以创建全国老年友好社区为契机,积极应对农村人口老龄化。一是加强能力建设。"四力共治"队伍应加强合作交流,共享资源、互相学习,提高工作效率和办事能力。二是发挥产业优势,为老年友好社区建设提供根本改善条件。与上海田园康养中心合作,预计投资约2.1亿元兴建集托养、智养、医养、康养、体养、文养为一体的天平康养中心。三是整合现有资源,推动"四力共治"体系化、日常化,吸引更多的村民参与其中,共同推动老年友好社区的建设和治理工作。

（报送单位：宝山区罗店镇天平村）

专家评析

　　天平村针对农村留守老人居多,老人精神文化生活单一,乡村治理面临重度老龄化的新问题、新挑战,积极探索"四力共治",推动社区共建共治共享。通过"四力共治"的方式方法,吸引并鼓励本村有能力有愿望的老年人发挥自身余热,主动参与社区治理的各项活动中。该村坚持以"敬老爱老、老有所为、优化服务"的指导方针,紧密联合老龄党员、老年法律顾问、银龄智囊团、老年"乡贤"四方力量,打造"老龄党员带头自治、老年法律顾问服务保障自治、银龄智囊团参与自治、老年'乡贤'集体助力自治"的老龄社会治理共同体,探索出一条农村老年人自我管理、相互扶持、共同建设的社区治理道路,实现了老年人"老有所为、老有所乐"的美好生活愿望,也为创新构建农村为老服务模式提供了可复制、可推广的宝贵经验。

金 伟

上海市健康促进中心　副主任医师

齐参与，重践行：打造全过程
人民民主的为老社区

　　虹储社区位于虹桥街道中部，建成于20世纪80年代初，占地面积达5.4万平方米，是一个普通工薪阶层集中居住的老式公房小区，总户数1 048户，户籍人口1 754人。现有60岁以上户籍老人875人，约占户籍人口的49.9%。辖区内有纯老家庭190户，百岁老人1人，独居老人97人，孤老21人。社区老龄化呈现"高龄多、独居多、纯老多"3个特点。

　　得益于居民区以"小巷总理"朱国萍书记为代表的几代社区工作者的辛勤耕耘，虹储社区改造了"三水一气一路"，修建了"稚谐园""法谐苑""德谐廊"等"虹储十景"，为社区居民尤其是老年居民提供了茶余饭后休憩的场所。随着社会的发展，新时期人民群众对生活品质的要求越来越高，现有的公共服务设施无法满足人民群众的需求，特别是老年群体迫切需要家门口拥有可供休闲、活动的公共空间。

　　因此，虹储居民区在推进老年友好型社区建设中，力争精准定位发展方向，以民主协商为支点，讲好百姓家园暖心故事，把品质宜居为老、社邻友好互助爱老、数治社区智慧助老、社区自治便民惠老的高品质为老服务做深做实，努力营造"人民城市　百姓家园"的社区氛围，不断夯实社区治理现代化新格局，切实提高小区老年人的幸福感、获得感和安全感。

一、背景与动因

　　由于虹储社区"高龄多、独居多、纯老多"的老龄化现状，现有的公共服务设施已无法满足社区老年人的生活需求。社区开展以老年人需求为导向的居民调查，调查结果发现，老年群体迫切需要家门口有可供休闲、活动的公共空间，包括"法谐苑"如何能够满足老年人的休息交流需求，多些方便老年人阅读的内容；"稚谐园"如何能够解决噪声打扰老年人生活的情况以及小区夜间照明不足，给老年人出行带来了极大的不便，如何使得照明既不影响老年人休息也又满足老年人夜间出行的需求。

因此，为了最大限度地满足老年居民的需要，让社区环境建设得更加适老化、人性化、智慧化，虹储居民区逐渐形成了"三上三下"工作机制。在家园改造时，积极引导老年群体主动参与，让一张张"征询单"变成了小区改造的"施工蓝图"，并依据老年人的切实需求，制订相应的工作计划，在硬件设施、志愿服务等方面采取相应的措施：打造老年人可观、可感、可走的德法融合阵地；形成一"老"一"小"双赢的社区治理格局；解决小区照明不足问题，提高老年人夜间出行的便利性。

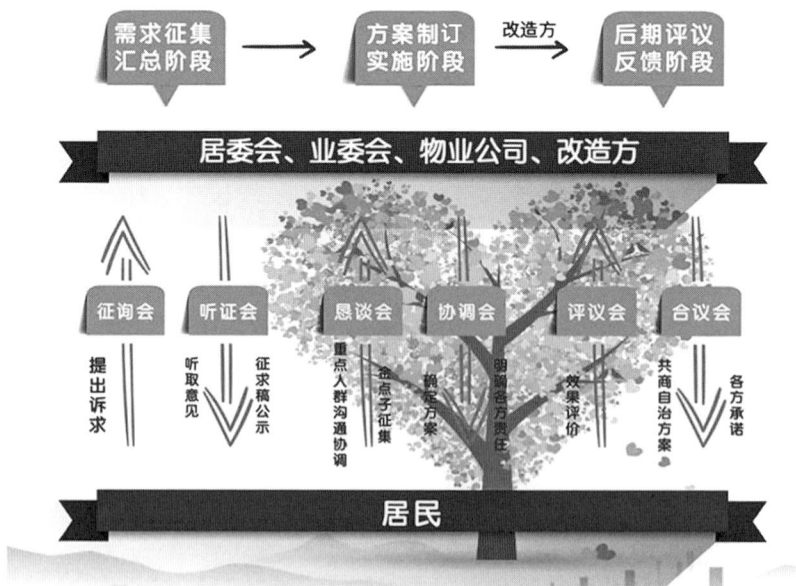

图1　"三上三下"工作机制

二、举措与机制

虹储社区在老年友好型社区建设中，重视老年人的参与，积极听取人民群众的意见和建议。在法谐苑、稚谐园、照明设施的改造中，以老年人需求为导向，积极征询相关的社区改造建议，让老年群体更好地体验到社区的便捷与舒适。

（一）打造老年人可观、可感、可走的德法融合阵地，践行全过程人民民主

作为"虹储十景"之一的法谐苑是社区法治宣传主阵地，苑内有十二生肖石雕，对应十二种法律宣讲，一条石板小路贯穿其中，入口两边是两排面对主干道的长椅，社区老年人爱在此处聊天。

虹储居民区在精品小区改造过程中，通过征询人民群众的意见和建议，对法谐苑的绿化布局、地下化粪池、外围环境进行了改造提升。然而，在随后的走访、调研居民感受度时，发现大家对此处改造的获得感不多，没有特别深的感受，多数老年人提出了以下意见：① 长椅的摆放能否考虑交谈者的习惯，他们喜欢面对面交流；② 法谐苑可观、可感的内容最好再充实一些，以吸引大家进去；③ 道路出入口单一，能否再添加一处出口，方便老年人出入；④ 希望多些方便老年人阅读的内容；⑤ 做好法治与德治整合宣传。

居委会在收集统计居民们的意见和建议后，归纳总结出3个难点：一是再次提升改造的经费来源在哪里？二是老年人可休憩、可观、可感、可行走的空间是什么？三是如何做好德法兼修、德治法治宣传相融合？针对这3个问题，居民区开始逐一破解。

首先是改造升级的经费问题。由于精品小区的专项建设已经结束，再次改造升级需要另辟蹊径。于是，居委会依托虹桥街道"自治全民星"微创投项目申请了经费，通过初步申报项目计划、寻找意向合作伙伴和改造方案意见征集，终于使改造项目经费申请获得通过。

其次是解决老年人对"法谐苑"需求问题。利用微更新项目，逐一解决。针对老年人希望休憩长椅能让他们坐得舒服、谈得尽兴的需求，便设计了有靠背、带扶手和有90度转角的长椅。针对居民反映的原先只有一条蜿蜒小路，进出不便，妨碍大家边走边看的兴致，于是在不破坏苑内整体布局的前提下，移动原先的景观石位置，扩展了正面入口的空间，同时在侧面开辟了一个新的出入口供居民使用。

最后是做好老年人能够理解的德法兼修、德治法治融合宣传内容。老年人希望苑内宣传阵地建设有内容可看，便设计了"全过程人民民主虹储在践行"的磁吸介绍版面，图文并茂地介绍虹储居民参与立法征询、协商议事和普法宣传。针对老人视力不好，过小的文字看不清楚的问题，结合优秀"家风家训"宣传，制作了二维码免费朗读板块，老人只要用手机扫一扫二维码，即可在手机上听到免费的"家风家训"故事。

在居民的协商共治下，经过近3个月的微更新改造，"虹储十景"之一的"法谐苑"焕发了新活力，这个德治法治融合宣传空间成为老年人身边可观、可感、可休憩、可行走的好去处。

图2　90度转角椅

图3　改造后的法谐苑

图4　"家风家训"板块

（二）"小手牵大手"牵出志愿服务新成员，形成一"老"一"小"双赢的社区治理格局

虹储小区的"稚谐园"也是"虹储十景"之一，是社区青少年活动玩耍的好去处。原先的"稚谐园"儿童游乐设施集中，绿化布局较分散，附近居民特别是老年人反映噪声扰民的情况较多。

在小区精品改造项目方案征询时，居民提出希望能优化稚谐园的儿童游乐场地设施，兼顾周边老年人作息时间调整开放时间，并加强管理。于是居委会与工程施工方联合业委会、物业公司、居民代表多次召开现场工程会议，商讨改造和后续管理方案。

最终，通过优化绿化布局，将原先较分散的绿植集中安置在居民楼和儿童游玩区域之间，展现了一个自然隔离带，有效减轻噪声对老年人的影响。其次优化儿童游乐设施的配置，把空间最大限度地让给儿童，

图5　平安巡逻志愿者队伍名单

图6　改造后的稚谐园

并且增设家长休息长凳。最后通过吸引陪护小朋友游玩的老人的加入，组建了平安巡逻志愿者队伍，对稚谐园及小区内的环境进行自治管理。这项改造实现一"老"一"小"双赢的社区治理实效。

（三）解决小区照明不足问题，提高老年人夜间出行便利性

早在精品小区改造前就有社区内的老年人反映夜间照明亮度低、出行不便的问题，故在精品小区改造方案中特将小区照明设施合理布局改造考虑在内。

在改造过程中，有居民反映如果安装太多路灯，虽然解决了照明问题，但是在夜间亮度太大会影响居民睡眠。于此，居委会再次与施工方、业委会、物业、居民代表多次协商，最终决定在主干道安装路灯，在支弄安装草坪灯，这样既能满足夜间照明需求，也不影响居民晚间休息。此外，由于旧的门头灯线路接在公灯线路上，楼内老年居民反映门

头灯常亮，非常浪费电。居委会及时采纳居民意见，将62个门头灯都改成声控灯，这样省电和照明兼顾，也符合居民的心意。

最终，在这次照明设施改造中，共安装路灯26个、草坪灯70个，还特别增加了5个智慧灯杆，除了有照明的效果，还兼具实时更新天气预报、小区广播、流媒体播放等功能。不仅解决了夜间照明不足问题，更提高了老年人及其他居民的出行与信息获取的便利性。

改造前　　　　　　　　　　　　　　改造后

图7　照明设施改造前后对比

三、创新与成效

长宁区虹桥街道作为全过程人民民主重大理念的首提地,虹储社区在探索老年友好社区建设时始终将全过程人民民主重大理念贯穿其中,使之成为汇民意的一大法宝。通过日常的入户走访、人大代表党代表政协委员联合接待、人民意见建议征集、居民恳谈会、社区云线上调研等多种方式,畅通群众诉求表达的通道,尤其注重收集独居、纯老、失能(失智)、重残、计划生育特殊家庭等特殊困难老年人的诉求,使社区老年人在有序参与基层治理中真切感受到"被需要""被尊重""被关怀"。

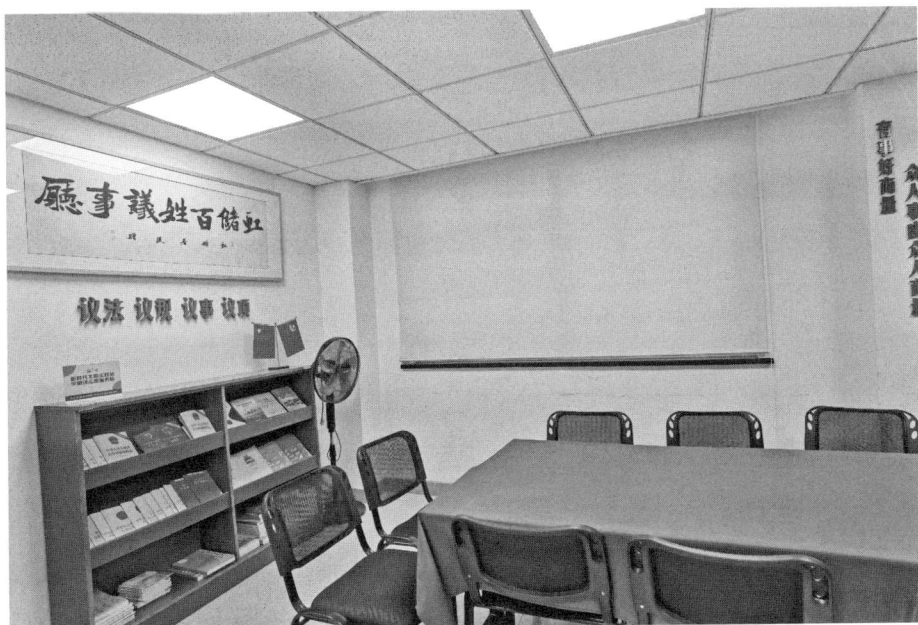

图8　百姓议事厅

(一)以老年人需求为导向,切实解决九大急难愁问题

虹储居民区以老年人需求为导向,梳理汇总了9大类急难愁问题,最终转化为一件件民生实事项目(见表1)。其中,硬件设施方面,涉及小区老年人休憩公共空间增加(60%),小区照明设施合理布局改造

（45%），卫生间浴缸改造（45%），增设适合老年人的健身房（40%）。生活服务方面，涉及"悬空"老人下楼难（55%），打车难（40%），提升助老餐品质（35%），一站式服务再扩容（55%），读书读报需求（35%）。正是这样"凡事有交代、件件有着落、事事有回音"，使社区居民的获得感、幸福感、安全感更加充实、更有保障、更可持续，也赢得了他们的认可。

表1　老年人服务需求及回应表

序号	需求内容	回应措施	覆盖面	服务人次
1	休憩公共空间增加	精品小区改造	全体社区居民	5 620
2	"悬空"老人下楼难	上门服务及轮椅租借	全体社区居民	370
3	一站式服务再扩容	新建家门口美好生活服务站并搭载服务	全体社区居民	2 460
4	卫生间浴缸改造	居家环境适老化改造	有改造需求的老年人	19
5	小区照明设施合理布局改造	智慧灯杆	全体社区居民	3 680
6	打车难	一键叫车	有叫车需求的老年人	580
7	适合老年人的健身房	小区内的健身步道，新建心乐空间长者运动健康之家及家门口服务延伸点	全体社区居民	2 689
8	提升助老餐品质	自主选餐，送餐加1元	有助餐需求的老年人	1 030
9	读书读报需求	智慧借书机	有图书借阅需求的老年人	630

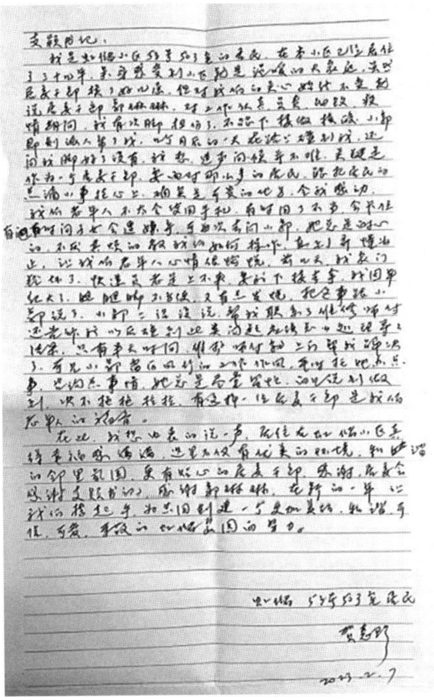

（a）2023年2月7日,汪霞感谢郭琳琳修电脑 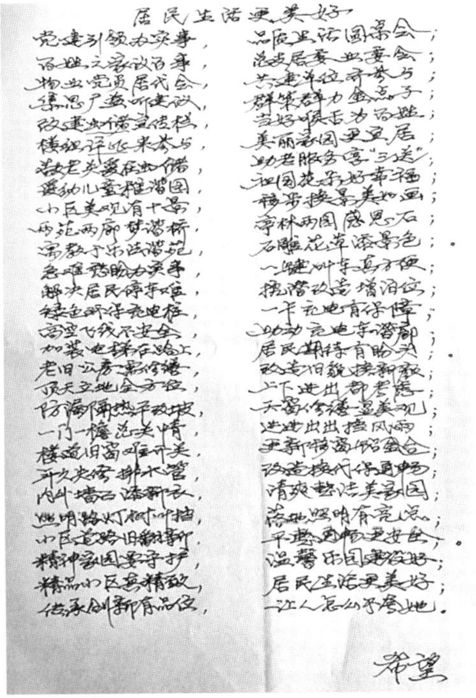　（b）志愿者老马在《知音报》上写的《居民生活更美好》

图9　部分居民的感谢信

（二）形成长效工作机制,组建养老队伍,完善阵地,成立睦邻点

在传承优秀工作经验的基础上,注重"三个一"特色工作创新,并形成了长效工作机制。

一是组建一批队伍。依托退休党员组建幸福养老代言队,在家门口接待居民收集民意;成立在职党员助老服务先锋队,结对楼内孤寡老人;通过面对面谈、心贴心讲、实打实推、手拉手帮,老少一家亲有事共商议,小事不出楼门、大事不出社区。

二是完善一个主阵地。社区首批打造家门口美好生活站——"虹储百姓之家",率先建立一网通办家门口延伸点,开展养老、文化、便民、政务等公共服务。养老服务方面主要融合了养老政策咨询、服务需求登记、服务资源链接、自我健康管理指导等服务项目,是街道养老顾问延伸服务点，也是下沉式为老服务点，为虹储的老年群体在家门口提供专业化、智能化、便利化的养老服务，帮助老年群体跨越数字鸿沟，享受数字红利。

　　三是成立一批睦邻点。虹储社区自2012年创建第一个睦邻点开始，如今已相继成立了5个各具特色的睦邻点。活动内容有读书看报、评论时事要闻，也有谈心聊天、排解内心苦闷。5个睦邻点就像五角星的5个支点，连接起社区老年人亲近的邻里情，惠及小区近60位老人，提升了他们的晚年生活品质，打造虹储有温度的百姓家园。

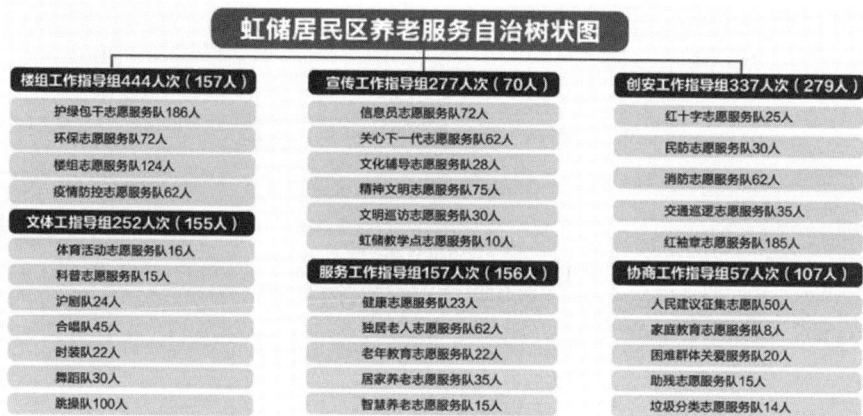

图10　虹储社区养老服务自治树状图

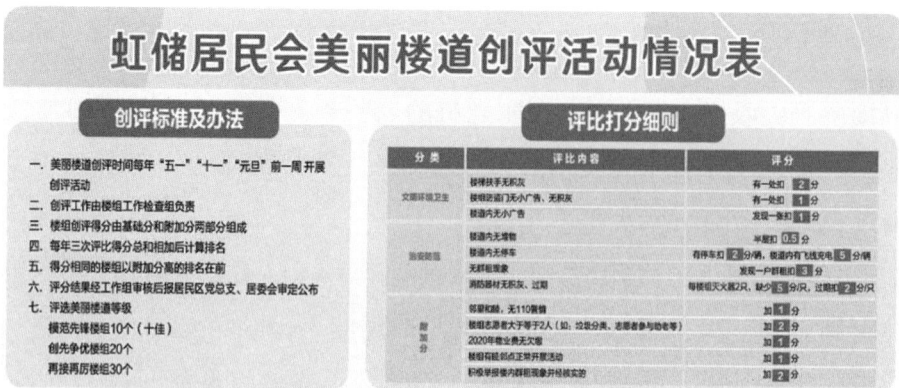

图11　虹储居民会美丽楼道创评活动情况表

(三) 把握老年友好主基调,荣获各级多项荣誉

在探索建设老年友好社区的路上,虹储社区牢牢把握"居住宜老、设施适老、活动惠老、服务助老、孝亲敬老"的百姓家园主基调,先后获得全国示范性老年友好型社区、全国精神文明建设先进单位、全国敬老模范村居社区、全国和谐社区建设示范社区、全国民主法治示范社区等12项国家荣誉称号,以及上海市老龄工作先进单位、科学生活社区、安静居住小区、平安示范小区、上海市老年友好型社区等60多项市级荣誉。

图12　虹储社区精选荣誉墙

四、启示与展望

随着人口老龄化程度的加深,作为老旧小区,虹储社区立足于现有的阵地,不断强化养老服务队伍建设,丰富养老服务内涵,积极鼓励老年人参与小区改造,切实满足社区老年人的实际需求。在此工作中,形成"三上三下"的工作机制,保障社区居民尤其是老年人积极参与社区改造;形成"三个一"长效工作机制,组建一批幸福养老代言队伍,完善一个集养老、文化、便民、政务等公共服务于一体的主阵地,成立一批连接社区老年人邻里情的睦邻点。

然而,在社区环境适老化改造更新过程中也存在一定的瓶颈:不

同老年人对社区的需求也不一致，难以都满足。同时，政府、市场、社区居民也都希望通过空间改造，打造更多的服务载体，为老百姓提供更优质的服务，更好更全面地满足老年人的不同需求。下一步将进一步践行全过程人民民主重要理念，通过党建引领和民主协商，整合政府、市场等多方资源，盘活存量空间、挖掘多元价值，并通过居民意向调查，尤其是以老年人需求为导向，了解居民实际需求，建设满足居民尤其是老年人多元需求的便民设施。以"民生思维"为向导，形成沟通有序的平台，培育老有所为的社区氛围，塑造老有颐养的信任关系，为老年友好型社区的可持续发展奠定柔性基础。

（报送单位：长宁区虹桥街道虹储社区）

专家评析

　　长宁区虹桥街道虹储社区以老年人需求为导向，切实解决社区老年人急难愁问题。在老旧小区改造中，积极征询老年人的相关意见，带动老年人参与老年友好社区建设。在"法谐苑""稚谐园"以及小区照明系统改造中，收集老年人的建议、满足老年人的需求，增设适合老年人的休息长椅，设计符合老年人阅读习惯的宣传板报，合理布局满足老年人活动与休息需求的照明设施等，并获得较好反响，形成"三上三下"长效工作机制。

　　未来，建议基于"高龄多、独居多、纯老多"的社区特点，聚焦高龄、独居老人的特殊需求。友好社区建设不仅仅体现在社区公共设施的适老化上，也体现在社区服务的老年友好化上，如给予独居老人心理咨询与关怀等，建设满足老年人多元需求的老年友好型社区。

王　颖

复旦大学　教授

睦邻爱家，善治外灶

上海市浦东新区书院镇外灶村位于临港新片区门户位置，村域面积达4.13平方公里，户籍总人口有5 100余人。其中，60岁以上户籍老人有1 900余人，占比达到37%，并逐年增加；60～70岁老人有999人，70～80岁老人有595人，80岁以上老人有310人。外灶村老年人口占全镇老年人总量的10.7%，其中百岁老人3人，独居老人72人，重残老人43人。立足于村庄的老年人现状，外灶村逐步完善老人"衣、食、住、行"各方面所涉及的基础设施，通过盘活农村养老资源，完善助老为老机制，提高为老服务质量，提供养老经济保障，进一步提升老人的社会参与度、生活环境幸福指数与服务便利满意度，打造共享型幸福家园。外灶村村委会卫生室为老人提供基础医疗、康复护理等服务，外

图1　书院镇外灶村俯瞰图

灶村综合为老服务家园及睦邻点、社区老伙伴志愿者组织等为老年人提供生活照料、助餐助洁、精神慰藉、康复指导等多样化的养老服务，建立健全社区养老服务，实现社区养老方式多元化。在各级党委、政府的关心和指导下，2022年12月外灶村成功创建上海市第四批乡村振兴示范村，在拥有乡村美景的同时，科创田园、花卉基地、书院工坊商业体等产业项目也一一落地，村里先后获得了上海市示范性老年友好型社区、上海市文明村、上海市巾帼文明岗、浦东新区先进基层党组织等荣誉。

一、背景与动因

近年来，随着城镇化的推进，外灶村的独居老人和留守老人越来越多，而"纯老家庭"的老年人日常生活照料问题日益凸显。面对村内老龄人口比重大、老龄化趋势明显、老年人养老压力逐步增加等现实情况，村居内的养老服务却不能很好地满足当下以及未来的需要，存在着一些痛点与难点：一是老年人口基数大、增长快，但村内为老服务公共资源有限，不能很好地适应老年人对于养老服务更加多元化、个性化和品质化的需求；二是邻里间接触和互动的机会少，关系趋于陌生化和疏离化；三是老年人参与社区治理的积极性不足。

民有所盼，政有所为。针对老年人家庭养老需求大但农村养老服务和产品供给相对不足的问题，外灶村在书院镇党委、政府的指导下，在创建全国示范性老年友好社区工作实践中，始终坚持"积极老龄观，健康老龄化"理念，自2015年起，积极探索契合农村老年人养老需求的养老模式，充分发挥农村场地优势，弘扬邻里互助精神，率先试点开展农村养老睦邻互助点建设，作为非正式照料的重要内容，为老年人提供情感支持；作为农村互助式养老的典型形态，满足老年人"不离乡土、不离乡邻、不离乡音、不离乡情"的养老需要；作为构建农村邻里互助圈的载体，以示范睦邻点为纽带，将"陌邻"变为"睦邻"。

图2　睦邻点庆生活动

外灶村阳光睦邻点是书院镇首个睦邻点试点，也是浦东新区首个挂牌的农村养老睦邻互助点。该睦邻点包含8户农家，大多为"纯老家庭"，以邻里互助方式"抱团养老"，闲暇时一起聚会活动，农忙时一起收割播种，生病了相互照顾，有困难相互出谋划策。在点长黄根明的带领下，他和他的伙伴们生活更加充实，心情更加愉快。在试点成功的基础上，外灶村根据村民实际需求，坚持"成熟一个，发展一个"的原则，结合村居党建延伸服务点、妇女之家、美丽庭院建设等契机，因地制宜地挖掘和培育新的睦邻点，以点带面，逐步扩大至村居每一个角落。下好基础建设"一盘棋"，通过党建引领配齐睦邻点的管理力量、运行机制和活动设施；构筑养老服务"一张网"，通过多元触角联动各睦邻点间的养老资源；拧就乡村治理"一股绳"，通过议事功能让睦邻点成为老年人参事、议事、办事的平台，调动老年人参与社区治理的积极性，走出了一条符合书院实际、可持续发展的原居安养之路。

二、举措与机制

外灶村阳光睦邻点是书院镇首个睦邻点试点，也是全区首个挂牌的农村养老睦邻互助点。该睦邻点包含8户农家，大多为"纯老家庭"，以邻里互助方式"抱团养老"，闲暇时老年人一起参加聚会活动，农忙时一起收割播种，生病了相互照顾，有困难了相互出谋划策。在点长黄根明的带领下，老人们的生活更加充实，心情更加愉快。在试点成功的基础上，外灶村根据村民实际需求，坚持"成熟一个，发展一个"的原则，结合村居党建延伸服务点、妇女之家、美丽庭院建设等契机，因地制宜挖掘和培育新的睦邻点，以点带面，逐步扩大至村居的每一个角落。农村养老睦邻互助点作为外灶村创新实践农村型老年友好社区工作模式的一个重要载体，真正实现了让农村老人享受原居安老的美好愿望。

（一）坚持党建引领，下好自治、标准、规范的睦邻基础"一盘棋"

一是配强睦邻点管理"主心骨"。高度重视、发掘、培养睦邻点的负责人，引导具有"三心力"即乐于奉献的"爱心力"、善于团结的"向心力"、勤于坚持的"恒心力"的居民，特别是老党员、老干部、能人达人等担任点长和志愿者，形成"1+1"的核心管理模式。截至2023年年底，共有点长、志愿者186人，自主管理、自主运行。同时，镇级构建"1+1+5"睦邻点核心骨干团队网络，即1名睦邻点点长+1名志愿者+5名镇睦邻点指导小组成员，不断提升队伍的综合服务能力。

二是校准睦邻点运行"定盘星"。制订睦邻点管理实施方案，对睦邻点的建设与运行进行综合引导和规范，确保其科学、合理、健康、长效发展；建立定期考评机制，对已建成的睦邻点进行考核评估，形成A、B、C、D四级考评等次，予以相应奖励或警示；完善睦邻点公约，促进"一点一约"对睦邻点自我管理发挥基础准则作用。

三是争取共建联建"助推器"。充分发挥区域化党建共建联建机制的助力作用，采取"政府—村居—社会力量"的"三帮一"形式开展睦邻点建设,为睦邻点配备桌椅电器、报刊书籍、活动用品等设施,夯实标准化的睦邻点活动阵地;主动对接党建联建单位、优质社会组织等,倾斜资源向睦邻点提供免费服务清单;利用慈善资金设立"睦邻爱家"服务项目,搭建睦邻点定期培训、交流和展示平台,提高睦邻点的组织与活动能力。

图3　睦邻点老人参加七夕活动

(二) 丰富多元触角,构建开放、集约、共享的睦邻服务"一张网"

一是整合资源聚力协同,推动双向服务阵地前移。结合"家门口"服务体系建设,着眼"满足群众需求、打造双向服务"的目标,一方面,统筹链接各个部门、各类资源、各方力量,梳理形成服务清单共9大类70项,将菜单式"服务包"下沉至睦邻点,不断拓宽睦邻点服务外延;另一方面,打破各个睦邻点的服务壁垒,挖掘出文艺、手工、军旅等不同特色的服务资源,形成"双向服务"循环机制,如文艺骨干组建团队"送戏"到养老院,编织能手制作物品助力慈善义卖,退役军人为村居百姓讲述"微党课"等,进一步反哺社会。

　　二是"一老一小"试点推进，探索全龄段提质增能。牵手青少年、儿童等群体，开设睦邻课堂，充分发挥民俗技艺、曲艺说唱、诗词书画等达人的一技之长，教授手艺知识、讲述睦邻故事；开展"书艺养成国学荟"主题活动，带领孩子们走入田间，走进睦邻点，一起习书艺国学、知农耕技艺，促进代际融合，传承敬老文化，在学习礼仪、诵写经典的同时，共同种下"孝亲敬老，知行合一"的种子。

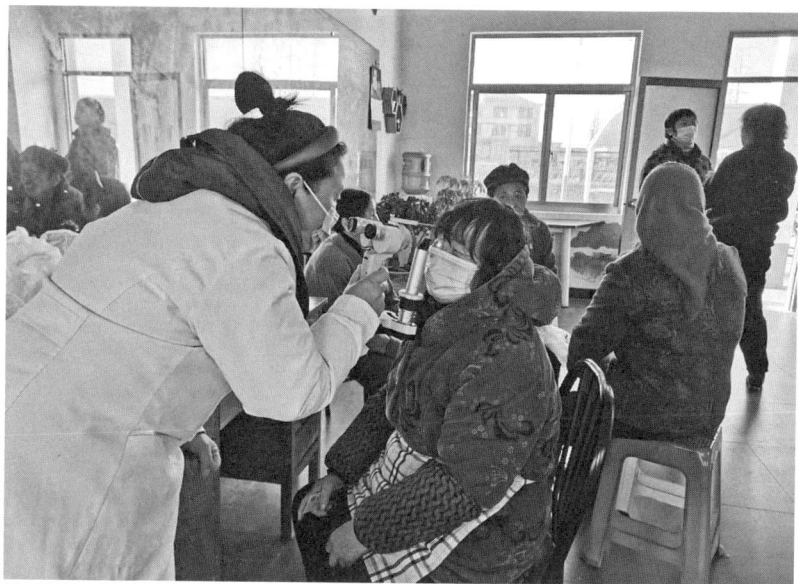

图4　睦邻点老人健康体检

　　（三）聚焦功能发挥，拧成共建、共治、共管的社区治理"一股绳"

　　一是就近议事，重心下移。以睦邻点为依托，将政策宣传、议事协商等平台向睦邻点延伸，组建"睦邻议事会"，商量村居大事、调处邻里琐事、解决各家难事、办好各类实事。不仅为居民就近议事提供了方便，结合睦邻点常态化活动的开展，更是推动了议事常态化、规范化，激活了基层治理的"神经末梢"。在日常工作中，外灶村充分运用"三会"工作机制，把听证会、评议会、协调会搬到睦邻点，搬到每一个老年人身边，充分听取老年人的意见和建议，解决了一大批涉及老年人的急难愁盼问题。如针对农村土地流转后老年人依然存在的恋土情结,改造集体土地,打造农村百姓菜园。全面推进土地流转后,农村老年人在享受土地流转带来的经济收益的同时,空余时间增加,经常发生在路边等危险区域占用零星土地及毁绿种菜等情况。为此,外灶村村委会将24组18亩、3组4亩土地用来建设百姓菜园,通过睦邻点供老年群体认领种植蔬菜,每个菜园都分割成若干小块,设置休闲长廊,供老年人劳作之后休憩用,也提供一个老年群体交友聊天的平台。外灶村百姓菜园的建设贴民心、合民意,外灶村民在村庄的建设发展过程中更具参与感和获得感,激发出村民共治的内生动力。

二是多元角色,汇聚能量。作为睦邻点的带头人,点长常常身兼数职,如身兼党小组长、人大代表、妇女代表等职,一体多元的身份,促使基层治理方方面面、千丝万缕汇聚于此,让睦邻点成为撬动基层治理的重要支点,推动社区基层的"大治理"。外灶村德妹娘娘睦邻点点长潘爱华被村民亲切地称为"活电脑",她对于村民家的情况非常了解。潘爱华在村委会工作了半辈子,退休后又担任睦邻点点长、村民小组长和党小组长,她在睦邻点带领成员倡导绿色环保工作中从自身做起,做了许多节能减排的尝试,为其他村民做了榜样。正是因为有像潘爱华这样的村民,村里绿色环保、节能减排的氛围才逐渐浓厚起来。

（a）　　　　　　　　　　　（b）

图5　外灶村小三园改造

三、创新与成效

书院镇吸收外灶村睦邻点试点的先进经验，将推进睦邻点事业高质量发展的愿景放置在规划图中、落实在任务表里，一个个小而美的睦邻点活力涌动，"五园阵地"精准回应了书院人民对美好生活的新期待。

（一）党建引领的"聚力园"

新时期的睦邻点建设，让区域化党建共建联建优势得到充分体现。上海中医药大学金牌讲师团、清华大学校友会、上海市作家协会、上海慈善教育培训中心、社区卫生服务中心、书院诗社、拥军优属联建单位等，一大批优质资源不断被引入，各类公益合作项目的启动，为睦邻点升级注入了源源不断的动力。

（二）社区治理的"联络园"

睦邻点积极协助村居委收集社情民意，建设生活共同体。在乡村振兴示范村建设中，睦邻点的成员和村居干部一起共商共议，带头改善村容村貌；在"芯级楼道"创建中，他们带领楼道居民美化楼道环境，打造"睦邻"品牌。睦邻点串起了"熟人社会"，也"生长"出了社区共治的平台。

（三）团结相亲的"向心园"

睦邻点凝聚的成员多以高龄老人、独居老人为主，在点长、骨干、志愿者的团结带领下，凝聚在一起自主管理、互帮互助，化"陌邻"为"睦邻"，成为老人们新的寄托。每次活动谁没有参加，睦邻点成员都会及时了解原因，有人生病了，就一起去看望，谁家有事了，就一起来帮忙，形成"你有困难我来帮，我有烦恼你来解"的温馨氛围，邻里关系更为融洽。

（四）精神充实的"能量园"

睦邻点内丰富多彩、健康向上的服务活动，让书院的"民生温度"触手可及，化解了农村老人的"养老焦虑"，不仅有所乐，更可以有所为。睦邻点为志同道合的居民创造了发挥余热的平台，让其在享受服务乐趣的同时，广泛开展各项志愿活动，提升了老年人的充实感。

（五）"老小"结合的"大家园"

通过试点"一老一小"融合发展，鼓励青少年及其家长走出小家庭、走进睦邻点、融入"大家园"，在闲暇时间参与睦邻公益服务活动，"老小"结合面对面，让老老少少一起唤醒儿时"小辰光的回忆"、书写美好"新时光的记忆"，在增进代际沟通的同时，增强了居民们共建共

图6　外灶村综合为老服务家园

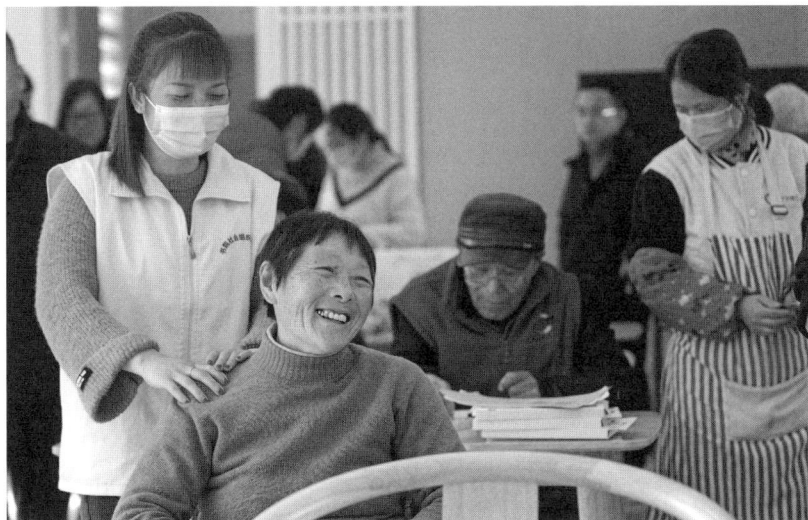

图7　外灶村老年人在综合为老服务家园内活动

治友好社区的热情。

四、启示与展望

一方面，外灶村睦邻点植根于"邻里相亲、守望相助"的文化土壤，体现了党建引领下"远亲不如近邻"的文化理念，树立了"睦邻、助邻、乐邻"的农村养老新风尚，让农村老人真正享受到原居安老的美好生活。另一方面，睦邻点从最初的"看书读报聊家常"发展为"协助基层助力社区治理"，在基层社区中的影响力越来越大、覆盖面越来越广，已成为基层社区治理中不可或缺的重要力量。睦邻点建设不仅极大地激发了群众主动参与社区治理的热情，也使政府找到了切实融入群众日常生活的有效载体，进一步增强了"人民城市为人民"的服务理念。

结合当地老年人日益增长的多层次、多样化养老服务需求，外灶村深化发展农村养老服务体系，在原有睦邻点建设的基础上，对原"家门口"服务大厅进行了现房改造，将其改造为综合为老服务家园。由于外灶村综合为老服务家园是由原村委会服务大厅现房改造而成，村卫生室以及新村委会服务大厅都在一个大院内，再加上专业为老服务团队的支持，得到了村居民们的广泛认可，也让工作日上班无法照顾老人的子女们得以安心，填补了外灶村日托、机构养老的空白点，为打造全国老年友好型社区赋能助力。

（报送单位：浦东新区书院镇外灶村）

专家评析

外灶村针对农村留守老人居多，居家养老需求日益增长，而农村养老设施和服务资源供给相对紧缺的现状，积极探索农村养老睦邻互助点建设。通过睦邻点将菜单式"服务包"和一系列惠老举措带给了老年人；通过睦邻点建立了老年人参与社区治理的平台，共同商量村居大事、调处邻里琐事、解决各家难事、办好各类实事；通过睦邻点植根了"邻里相亲、守望相助"的文化土壤，树立了"睦邻、助邻、乐邻"的农村养老新风尚。同时，外灶村睦邻点在为老服务便利度、可及性上成效凸显，进一步弘扬了该村爱老敬老的良好氛围，真正实现了让农村老人享受原居安老的美好生活愿望，也为创新构建农村为老服务模式提供了可复制、可推广的宝贵经验。

金　伟

上海市健康促进中心　副主任医师

多元力量齐参与，为老服务共打造

奉贤区奉城镇护民村位于奉城镇西南侧，南北狭长，区域面积达3.45平方公里，拥有户籍人口2 555人，有20个村民小组。其中，65岁以上老人788人，约占户籍人口的30.8%；80岁以上高龄老人150人，65岁以上独居老人142人，失能（含失智）老人20人，重残老人22人，计划生育特殊家庭20人，为典型的上海农村，居民基本为本地农民，有少量的外来人口。

一、背景与动因

护民村不但老年人占比高，而且老人的子女们多数住在城镇，只有双休日才会回到村里探望老人，工作日期间，老人基本处于独居状态。因此，照料老人不仅是子女们的责任，也落在了村委工作人员的肩上，更牵动了新老村党支部书记的心。引导和鼓励老年人积极参与村庄建设，利用其所学所长，积极投入志愿服务，探索农村多元力量齐参与的治理模式，增加老年文化服务供给渠道，促进村庄和谐发展，提高老年人的生活和生命质量，是做好为老服务工作的重要举措。

（一）亟须关注老年人心理健康

随着社会的发展，老年人和年轻人之间的代沟日益显现，经常可以见到两代人之间由于观念、习惯的不同而发生冲突，同时，在新农村的不断建设、发展和完善过程中，会出现老年人不理解甚至是误解等沟通问题。此外，老年人因自身家庭、生活等因素容易出现恐惧、孤独等焦虑和抑郁情绪。村里有位不幸丧偶的老人曾这样描述自己的生活："整天一个人在家，没人说话，像个会说话的哑巴，偌大的房子安静得可怕。"每次村委工作人员、志愿者上门,老人都会兴奋地不停聊家常,不舍得他们离去。因此,老年人的心理健康亟须关注。

(二) 亟须解决老人三餐营养

由于村里老人多,且儿女们平时都不在身边,老人们一辈子简朴惯了,偶尔烧点肉也要分好几顿吃,三餐极其不规律,非常影响身体健康。儿女们也是看在眼里、急在心里,但现况又让他们束手无策,有的儿女只能买好一个礼拜的菜放在冰箱里,以解决老人吃不好的问题,可是下个礼拜回来这些菜依旧还在冰箱里,根本起不到改善老人饮食的作用。这个老人儿女们急难愁的问题也成了村党支部书记和村委其他工作人员的揪心事,他们总想着能在村里办一个长者食堂,从根本上解决老人常年的吃饭问题。

(三) 亟须达成老人创收愿望

农村的老人都很朴实,年轻的时候为生活忙碌,现在年纪大了,闲下来了,只能在家里的小菜园里种点蔬菜,反而不适应了,因为没有了收入,觉得自己会成为小辈们的负担。村里有些重残的老人,虽然在全社会、村委的帮助下解决了日常生活问题,但是他们的心里总是想着最好能通过自己的双手获得一点收入,而不是一味地依靠社会接济。

二、举措与机制

针对上海农村新的人文特点,为切实解决村里老年人心理和生活问题,护民村将"齐参与"的理念融入实际工作中,不断开拓创新举措,让村民们共同打造自己的美好家园。

(一)"老书记谈心室"有了志愿咨询师

村委及时注意到了村里老人的心理健康问题和需求,意识到关爱老年人心理健康的重要性,借着青春里日间照料中心的建设,专门辟出一楼朝南的一个小房间,布置成暖心的风格,建起了谈心室的雏形。虽然硬件设施到位了,但是承担心理疏导服务的人员又成了大问题:一是语言障碍；二是费用。如果聘请专业的心理辅导老师，首先沟通基本以普通话为主，村里的本地老人大多听不懂，其次是对老人不熟悉，很难马上融入老人的日常生活和家长里短中。另外，村里长年累月地聘请老师的费用也是一笔不小的开支。正当大家迷茫之际，老书记夏忠妹自告奋勇，提议由她和村里另外两位退休的老书记，还有一些在村委工作过的老同志、老党员，共同挑起此项重任。虽然他们从来没有学过心理学，没有专业的技能证书，也没有做过心理辅导工作，但是他们本着在老人心中还有一定的说服力，有着对老人健康状况及家庭情况的了解，加上没有了以前当村委干部的"束缚"，沟通起来更加亲切，更无障碍，效果不比专业的心理辅导老师差。大伙把谈心室亲切地称为"老书记谈心室"。现在的青春里日间照料中心最热闹的就是"老书记谈心室"了，老人们没有事情的时候在谈心室里拉家常，找同龄的书记说说心里话；遇到问题时，老书记会倾听他们的心声，村里其他热心的老

图1　老书记夏忠妹在谈心室和老人们唠家常

人也会积极参与其中,解决烦心事,将心里的疙瘩及时化解。作为老书记、老党员的夏忠妹,为了做好老人的暖心人,也在不断学习心理学知识,退休了的她正发挥着余热,温暖着村里的老人们。

(二)长者食堂有了志愿服务员

青春里日间照料中心在功能设计之初,特地预留了二楼以备开设老人食堂,空间有了,还得要运营,谁来买,谁来烧,经费怎么周转等一系列问题又摆在了大家的面前。短短一个月的时间,为了让老人们能尽快吃上热腾腾的新鲜饭菜,村委多次召开会议,商讨方案,召开村民代表大会,听取全体村民的意见,召集有餐饮经营经验的村民,群策群力。村民陆翠华是一位有着三十几年工龄的老厨师,退休后一直赋闲在家,他听说长者食堂因为人员问题迟迟未能开张,主动提出愿意义务做厨师两周,让老人们先吃起来,同时还动员他老婆来帮厨。就这样,长者食堂在两位志愿者的努力下,试运行起来。然而,志愿者的义务劳

图2　志愿服务员在长者食堂为老人打菜

动不能作为食堂运行的长效机制，在征求了陆翠华的意见后，经过村委会和村民代表大会的再一次讨论，决定由陆翠华夫妇承担后厨工作，在志愿服务的前提下支付少量的酬劳。后厨师傅解决了，收拾碗筷等日常服务工作谁来做？村委的工作人员和老书记们，纷纷要求加入志愿者队伍，来长者食堂担任服务员。此外，常常还有一些前来就餐的低龄老人，也热心地充当起临时的志愿者服务员。至此，一个基本由村里志愿者组成的后厨加服务员队伍成立了，保证了长者食堂的正常、长效运行。

自从有了长者食堂，村里的老人把它当作自家的厨房，地里的菜种多了，自家吃不完，马上免费送到长者食堂。现在的长者食堂，已经为村里30位老人提供助餐服务，为4位重残人员提供送餐服务，且服务延伸到了附近的联民村，联民村的村民也来护民村食堂订购饭菜。长者食堂的成功运营离不开村里每一个人的参与和付出。

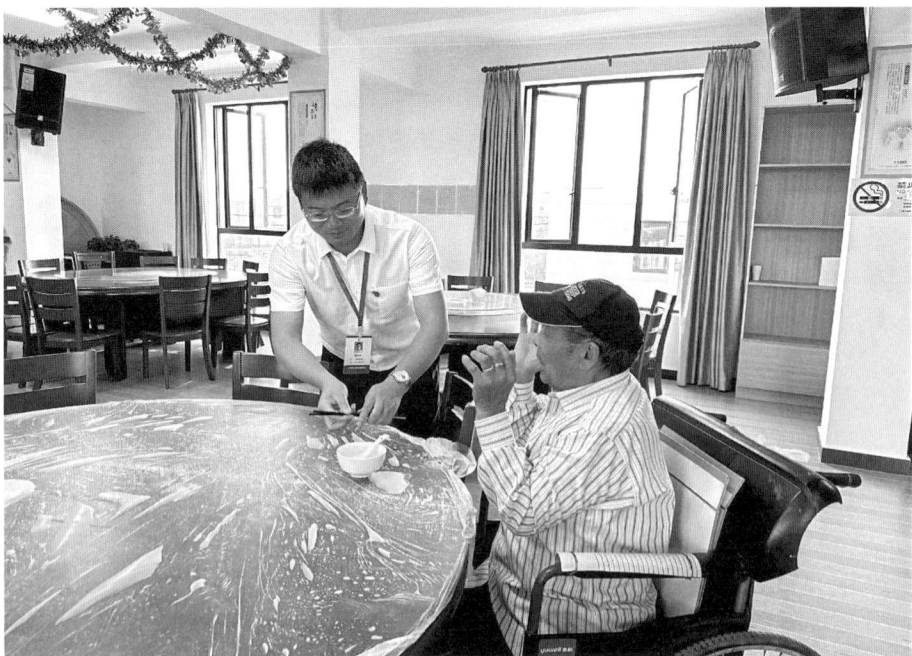

图3　志愿者在长者食堂为老人服务

（三）合作社有了兼职包花工

村委在了解部分老人有创收的想法后，先后接洽了很多企业，希望能通过与企业合作，提供一些适合老年人的工作，满足老人们的创收需求，但是都没有成功。此时，村内的上海宝熠花卉专业合作社进入了村委的视线，合作社本身是残疾青年职业见习基地，主要从事花卉种植、销售、花艺培训等工作。随着市场竞争的日益激烈，客户对花卉包装的要求也越来越高，合作社遂将单支的花卉进行包装后再销售，以提高利润，但是聘请长期工，成本比较高，而且花卉有较强的季节性，夏天是淡季，尤其不合适。正当合作社老板一筹莫展之际，村委们眼前一亮，这个工作由村里的低龄和残疾老人来做是再合适不过了。这是一个企业生存和为老、助残服务双赢的好渠道，村委工作人员主动上门与合作社商讨，双方一拍即合。村里的老人忙完家务活就去合作社包花，根据包装的复杂程度，每支花的劳务费在0.1～0.5元不等，费用可日结。工作

图4　村民唐根妹在宝熠花卉合作社工作

量和工作时间弹性较大，非常适合农村老人打发闲暇时光。老人们在欣赏当季美丽花卉、闲聊家常的同时，还能赚得一点点零花钱，实现了他们想用自己的双手创造幸福生活的美好愿望。如今，在宝熠花卉专业合作社经常可以看到一群老人一边包花赏花，一边说说笑笑地聊家常，一派其乐融融的景象。

三、创新与成效

自从有了"老书记谈心室"、长者食堂和"兼职包花工"，村里老人们的幸福感得到了大大提升。

（一）党员先行，关爱心理健康

"老书记谈心室"开设至今，已解决各类纠纷、矛盾、心理问题20余起，包括家庭矛盾、邻里纠纷、自我心理管理问题等。这个谈心室在解决这些问题的同时，更多的是提供给老人一个述说的空间。从客观上讲，由于远离社会生活，体力渐衰，行动不便，老年人与亲朋好友的来往频率下降，信息交流不畅，容易产生孤独感。从主观上讲，老年人具有自己既定的人际交往模式，不易结交新朋友，人际关系范围逐渐缩小，从而引发封闭性的心理状态。这种人际交往形式的改变，是老年人孤独感产生的主要原因。虽然谈心室的空间有了，但是缺能倾听老人心声、排解老人愁困的人。只有对老人有了充分的了解，才能有效地排解他们的心理问题。老人们的心理问题大多源于卡着一口不顺心的气。有了与他们朝夕相处的身边人给予的疏导和关爱，就能有效化解，尤其是家庭矛盾，有些老人认为家丑不可外扬，不愿意告诉陌生人，怨气越积越多，影响身心健康。而有了老书记这样既熟悉、又亲切、更可信的人，他们就愿意吐露心声，产生的心理问题也就迎刃而解了。

（二）长者食堂，托起幸福"食"光

长者食堂现在由护民经济合作社运营管理，周一至周五为村里有需求的老人提供午餐，破解老年人"做饭愁、吃饭难"的老大难问题。

在品质方面,长者食堂一直遵循"安全第一,品质优先"的原则,食材均为当天采购,严格挑选,认真清洗,杜绝使用隔夜的剩饭剩菜。饭菜不仅注重营养搭配,还会做得细软可口,即便是牙口不好的高龄老人,也能吃得饱吃得好。在供餐方面,每份午餐包含一大荤一小荤两素一汤,老人可堂食,也可打包带走。由于每份饭菜分量充足,有些胃口比较小的老人,一顿吃不完,就分成两半,中午晚上各吃一半,一天两顿饭都解决了,大大地方便了老人们用餐。长者食堂需要的蔬菜基本由村里老人免费提供,自家地里的菜种多了,吃不完的都拿来送给食堂,各种蔬菜应有尽有,既新鲜又环保,这些新鲜蔬菜经过大厨的精心烹饪送到了老人的餐桌上,大大丰富了长者食堂的"菜篮子"。在价格方面,每份饭菜的餐标为16元,80岁以上老人每份午餐收费6元,65岁至80岁老人每份午餐收费8元,剩余部分由村委买单。长者食堂开设至今,就餐人数不断上升,每天就餐人数达到30人次左右。在长者食堂里,前来就餐的老人们围坐在一起,志愿者们端上热腾腾的饭菜,让老人们感受到了"一起吃饭"的幸福。

(三)企业助力,添色为老服务

上海宝熠花卉种植专业合作社拥有300余亩的现代化智能连栋温室,是残疾人、老年人的就业基地,辐射全镇残疾人、"小老人"共计38人,其中护民村的"小老人"有26人。种植的花卉经过老人们的初步加工,销售利润提高了5%以上。尽管老人们属于兼职人员,但村里也要求合作社与老人签订相关劳动协议,明确工作内容、劳动报酬、医疗补偿等保障性条款。对于老人们来说,这不仅仅是一份工作,也是他们人生价值的体现,更是对他们老有所为的肯定。老人们既有了一份轻松愉快的工作,也有了一个排解寂寞的好地方。特别是那些残疾老人,他们看中的不一定是薪资,更看重的是被社会认可,这才是他们需要得到的最大的心理慰藉。除了宝熠花卉之外,村内其他企业也纷纷响应号召,如大伦琉璃、振茸合作社、六里消防,不仅吸纳本村"小老人"与残疾人再就业，还辐射周边村的老人和残疾人，共计160余人，让老人们用勤劳和智慧去实现梦想和人生价值。

四、启示与展望

在打造多元参与、共同自治的为老服务新模式的过程中，护民村村委深切体会到，基层为老服务工作还有很大的空间可以发挥，还需要不断为此而努力。

（一）组织心理培训，变业余为专业

前来"老书记谈心室"倾诉的老人日渐增多，人手明显不足，今后还需要更多的村民们加入志愿者队伍。同时，也要鼓励年轻人积极参与其中，让年轻人多看多学习，懂得换位思考，能站在老人的角度去思考问题，这样才能在今后的为老服务工作中让年轻人起到应有的作用。心理疏导不仅需要融入度和亲和力，也需要讲究方式方法，后期我们将组织开展相关培训，特别是针对老年人心理特点方面的心理咨询培训，让"老书记谈心室"的服务越来越专业。

（二）探索运营模式，保障食品安全

长者食堂作为餐饮类服务，食品安全是重中之重。随着就餐人数的不断增多，而且基本以老年人为主的特点，食品安全更是容不得半点马虎，担任厨师和服务员的志愿者们的工作压力也会越来越大。今后，护民村将进一步探索长者食堂市场化运作和服务性运作相结合的模式，在缓解运营资金压力的同时，也能更大限度地提升服务质量和水平，更好地为老年人服务。

（三）拓宽创收途径，尽情发挥余热

随着人口老龄化步伐的加快，退休后需要什么样的生活愈发成为当下社会关切的现实课题。无论从哪个角度来说，"银龄族"作为一个特殊群体，都是促进社会发展的可贵的人力资源。他们经过几十年职业生涯的沉淀，有着丰富的人生阅历和工作经验。护民村将通过更多途径

和渠道,在保障双方合法利益的前提下,尽力确保老年人长期工作的可能性。

创建老年友好型社区,关键是老年人的共治共建。无论是"老书记谈心室"还是长者食堂,都充分体现了老年人互帮互助、共同参与的特点,真正做到让"养老"变"享老"。

(报送单位:奉贤区奉城镇护民村)

专家评析

护民村为农村式老年友好型社区,具有上海农村典型的人文特点。该村的三项亮点工作与"社会参与"主题高度契合,也与该村的地域文化和老年人群结构十分适应。创建工作紧紧围绕老年人急难愁盼问题,做得扎实细致,老人们的参与热情高涨,取得了良好的成效。"老书记谈心室"有别于其他公益性心理咨询室,与老人们一辈子朝夕相处的老书记作为倾听者,成为老人们倾诉的对象,使心理疏导起到了事半功倍的效果。长者食堂的运营模式也极具本村特色,大厨和服务员都由志愿者们组成,蔬菜全是村民自家菜地里种出来的绿色产品。正所谓取之于民、用之于民,充分体现了老人们以村为家,共商共治共享的主人翁意识,彰显了老年友好型社区的创建精神,具有较强的可借鉴性、可复制性和可推广性。

裴　文

上海复医老龄健康研究中心　副秘书长

居民共参与，同心协力提升
老旧小区幸福感

　　普陀区宜川路街道赵家花园社区有着270年的悠久历史，改建于20世纪70年代，有107个楼栋，其中大部分是6层老式住宅。社区常住人口5 753人，60岁以上老年人2 607人，90岁以上112人，百岁老人3人，老年人占比接近50%，是个名副其实的老小区。

一、背景与动因

　　赵家花园社区地处上海市中心，是上海典型的老旧小区。大部分居民是原住民，从小生活在此，随着生活条件的日益改善，老人的子女们都已陆续搬离，而老人们则因为对小区存有深厚的感情，留在了此地。高龄、独居、双独居老人较多，其养老和陪伴的需求较大。由于历史原因，老房子基本没有无障碍设施，给老年人的出行带来了很大的不便，特别是腿脚不便的老人和残疾人。多年来，赵家花园的东苑和西苑被一堵高高的围墙阻隔，互不相通，居民苦不堪言，"绕路之难"始终困扰着广大社区居民，部分直行几分钟就可以走到的地方，绕行需要近20分钟，这样的"长度跋涉"，对于腿脚不便的高龄老人而言更是难上加难。

　　如何突破老年人迫切期待获得高品质养老的愿望与为老服务供给不足的现况之间的瓶颈，有效调动老年人参与社区治理和自治的积极性，提升老年人价值感和幸福感，一直是社区工作的重心。经过实践，社区工作人员意识到构建稳定的社群关系，开展高质量的社群互动，是实现这一目标的有效途径。为此，赵家花园依托特色品牌"赵园记忆"，构建了全方位、网格化的为老服务体系,通过多层级"菜单式"服务,在细致入微的工作中,逐步建立起了"常春藤小分队""红色加梯联盟""老年议事会"等一系列特色社群组织,把幸福送到了老年人"心坎上"。

二、举措与机制

赵家花园始终致力于从多方面改善老年人生活质量,采用多种形式提高老年群体社区自治的参与度,在完善居民出行基础设施上下功夫,在提供便捷为老服务中动脑筋,把创建老年友好型社区真正落到实处。

(一)红色加梯联盟,圆居民加梯梦

2021年年初,赵家花园启动了加装电梯计划。经过前期评估,107个楼栋中有35个楼栋有条件加装电梯。然而,刚起步的加梯征询工作就遇到了诸多阻力,第一轮征询结果非常不理想,仅有1个大楼情况较好。为实现"悬空老人"的加梯梦,在党组织的引领下,"红色加梯联盟"应运而生。该联盟由居委会、物业、业委会、加梯公司和常春藤小分队组成。"红色加梯联盟"首先对35个楼栋居民的基本情况进行了摸底调查,逐一分析后,形成了"5+3+X"的工作体系:"5"代表红色加梯联盟成员,"3"代表自管小组成员,"X"代表所有居民。这一体系在加梯工作的实施和推进中起到了关键性的作用。"5+3+X"工作体系成员围绕电梯品牌选择、费用分摊方式等具体事宜展开讨论,针对不同的利益诉求,商讨解决方案,一次不行就两次,两次不行就三次,如此循环往复,直至达成共识。在这一磨合过程中,党组织更多的是充当组织居民的黏合剂和降低冲突的缓冲剂。最终在全体居民的共同参与下,形成了具有可操作性的方案,使加梯工作得以顺利推进。

在征询意见时,发现加梯工作受到阻碍的主要原因是一楼住户认为噪声较大,他们认为加装电梯影响到了一楼的采光和房价。在得知这一情况后,"红色加梯联盟"通过深入群众,挨家挨户走访,积极参与居民日常闲聊等多种方式,了解到反对声音比较大的并不是住在一楼

的老年人，而是他们的子女，他们担忧独居在此的父母的生活受到加梯
的影响，顾虑重重。为了保证加装电梯工作能顺利实施，"红色加梯联
盟"决定先从中高楼层的父母辈老人入手，发动他们上门主动与一楼
的老人取得联系，讲述对加装电梯这一惠民实事工程的感受。都是老
年人，又住在同一楼栋内，如同一家人，现在是高楼层老人需要一楼老
人的支持和帮助，说不定什么时候一楼老人也需要得到高楼层老人的
帮助，远亲不如近邻，大家要有互帮互助互谅、以整体利益为重的意识。
在说服了一楼老人的前提下，再鼓励他们与自己的子女进一步沟通，让
他们的子女也能慢慢理解和接受。在大家的共同努力下，赵家花园的
居民终于实现了加梯梦。

图 1　"红色加梯联盟"正在召开加装电梯协调会

（二）搭建老年社群，增居民邻里情

为激发社区老年人参与社区自治的主人翁意识，组建了老年人自
治组织"常春藤服务队"，通过发动、鼓励老年人参与社区各项公益建

设和服务,开展志愿帮扶互助项目,丰富社区文化教育活动,实现为老年人"增权赋能"(自我服务、自我管理、自我监督)和为老服务"以点促面"的目标。在服务队的积极推动下,成员们还自发组织了倡导文明养宠的"宠物护卫队"、防止居民毁绿种菜的"护绿小分队"、普及智能手机应用的"掌中宝"学习小组等,并持续推进"流浪猫绝育"项目。这些团队和项目,让老年人真正成为社区的"主人翁",感受到了"被需要的幸福",点燃了老年人开始老年新生活的热情。

图2　"常春藤服务队"正在开展志愿者公益活动

"赵园菊艺"是自清代传承至今的非物质文化遗产,被列入《第四批上海市非物质文化遗产代表性项目名录》,是赵家花园的品牌和骄傲。为更好地讲好赵园故事、传承保护好这一百年文化遗产,丰富老年人的文化精神生活,赵家花园大力开展花文化宣传活动,充分利用非遗文化产生的辐射效应,让老人们在养花护花的过程中建立起深厚邻里情,让花文化深入社区、楼组和家庭。虽然社区的老人并不都是非遗传承人，但是每年菊花盛开的时节，老人们都会积极主动地加入养花护花的队伍中来，在非遗传承人的指导下，精心呵护每一朵、每一盆菊花。一盆盆老人们亲手栽种和养护的菊花放在了其活动场所，摆在了花园里、家门口、阳台上，赵园的菊花开在了社区的每一个角落，尽显着它独有的姿容，绽放着它特有的魅力，在一朵朵娇艳夺目的大菊花的映衬下，幸福和喜悦洋溢在每一个老人的脸上。菊花盛开时，"菊友"们还会呼朋唤友，一同赏菊、合影，在一盆盆五颜六色菊花的簇拥下，再泡上一壶沁人心脾的菊花茶，充分享受菊花带来的香甜和益处。掉落的菊花和叶子也不浪费，可以用来制作菊花拓印画，在自然中发现艺术、创造艺术。老人们在养花、护花、赏花的过程中，不仅提高了自身的种植技术，还拥有了更多的交流时间和空间，也丰富了社交的内涵和层次，邻里之间建立起了深厚的情谊，获得了更多的融入感和成就感。

图3　老人正在亲手种植、养护菊花

（三）全过程人民民主，打通二苑围墙

随着老龄化程度的日趋加深，阻隔赵家花园东苑和西苑的围墙给老年人带来的不便日益凸显。打通东西苑的围墙，还居民便捷顺畅的通行道路迫在眉睫。然而，居民们的想法"五花八门"，统一意见相当困难。另外，打通围墙还需要业主大会通过才行。为引导老年人积极参与全过程人民民主，社区专门成立了由街道副主任亲自挂帅的领导小组，1名副主任和2名委员组成调研组，居委书记和工作人员组成自治工作组，1名服务办主任和3名工作人员组成微

图4　东西苑围墙打通前

图5　东西苑围墙打通后

更新落地组。将全过程人民民主作为主要形式，依托"四位一体"工作机制，充分整合街道资源，启动"老年议事会"议事程序，先后召开30余次听证会和协调会，经过4个多月的细致调研和专业考证，终于形成了居民认可的施行方案。

在听取意见期间，"常春藤服务队"发挥了重要作用，他们利用老邻居、老同事、老伙伴等关系，组成"群众工作专班"，走进楼栋里，走进居民家中，广泛听取、收集意见，化解矛盾，其间共收集居民意见105份，召集围墙周边的21栋186户底楼居民召开了多次小范围的讨论，详细了解他们对于打通围墙的想法和建议，为形成共识打下了坚实的基础。

老旧小区全过程人民民主的社区治理新模式，为全国示范性老年友好型社区建设的探索实践树立了全新的"标杆"。

（四）多举措补短板，提升为老服务

赵家花园的为老服务以基层党建为依托，以解决老年人所需所盼为抓手，以提升老年群体参与度为目标，加强基础设施建设，实现无障碍设施全覆盖。赵家花园属于老旧小区，其基础设施与新建小区相比，十分欠缺，为加快小区适老化改造，最大限度满足老年人的需求，居委以"老年议事会"为平台，充分听取和收集居民的意见和建议，针对居民提出的可行性意见，循序渐进，逐步落实。在广泛听取居民意见后，开启了适老化微改造的快车道，在综合修缮项目中，增添了85条无障碍坡道和107处扶手，楼道两侧扶手、休息凳、安全通过指示灯、进楼灯、阳台落水管改造等惠民工程也一一落地，楼道无障碍设施做到了全覆盖。除此之外，还为19名高龄独居老人安装了一键通应急呼叫装置，在高龄独居老人中也实现了全覆盖。居民共议事、共商讨、共解决社区问题的方式，有效地调动了老年人自治的积极性，激发了老年人共治的热情。

图6　无障碍坡道

图7　楼梯间折叠式座椅

　　面对老旧小区为老服务设施缺乏的现况,居委充分利用现有资源,不断拓展为老服务项目,完善各类为老服务设施,补齐15分钟生活圈短板。小区设置了综合为老服务中心,建筑面积达420平方米,内设老年食堂、日间照料站、棋牌室、康复室、助浴室、文体活动室等多个服务设施和项目。这些活动场所免费开放,大幅增加了老年人的活动空间。服务中心每年为1 100多名老人提供服务支持,为周边250多户居民提

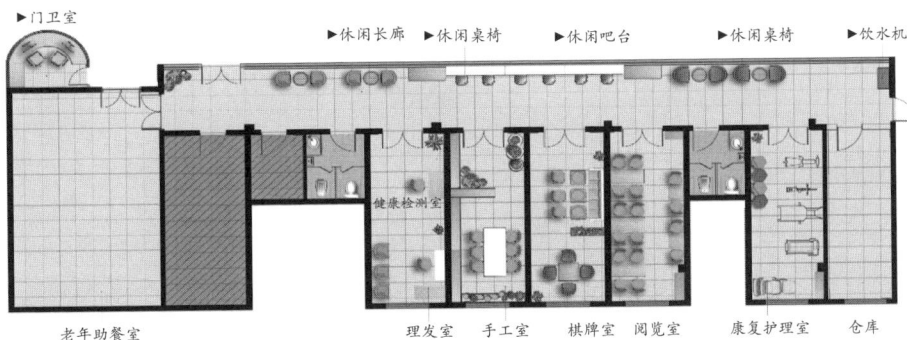

图8　宜川综合为老服务中心的平面布局方案

供老年助餐服务。另外，小区还充分发挥毗邻宜川公园的优势，在为老人提供充足休闲空间的同时，积极组织开展各类宣传教育、医疗和法律咨询、志愿服务活动。自2021年以来，共为186人次开展上门医疗服务，开展宣传教育法律咨询活动39场，为6 000多人次提供志愿服务。

　　为满足居民日常生活所需，在小区60号楼一层设置了便民小屋，内设读书角和生活小物件租借区，有各类通俗易懂的休闲书籍供居民阅读，有桌椅、剪刀、打火机等供居民借用，居民家中的闲置物品也可以拿来共享。由于社区卫生服务中心及其站点都离小区有一定的距离，居委特地邀请社区卫生服务中心的医生每周在便民小屋为居民开展诊疗活动，极大地方便了老年人的就诊或配药，也降低了老年人外出的风险。"常春藤服务队"的老年志愿者们也经常汇集在此，提供各种公益服务，部分有特长的居民还在这里义务为老人提供理发等志愿服务，形成了邻里之间互帮互助的良好氛围。

图9　便民小屋的读书角和生活小物件陈列区

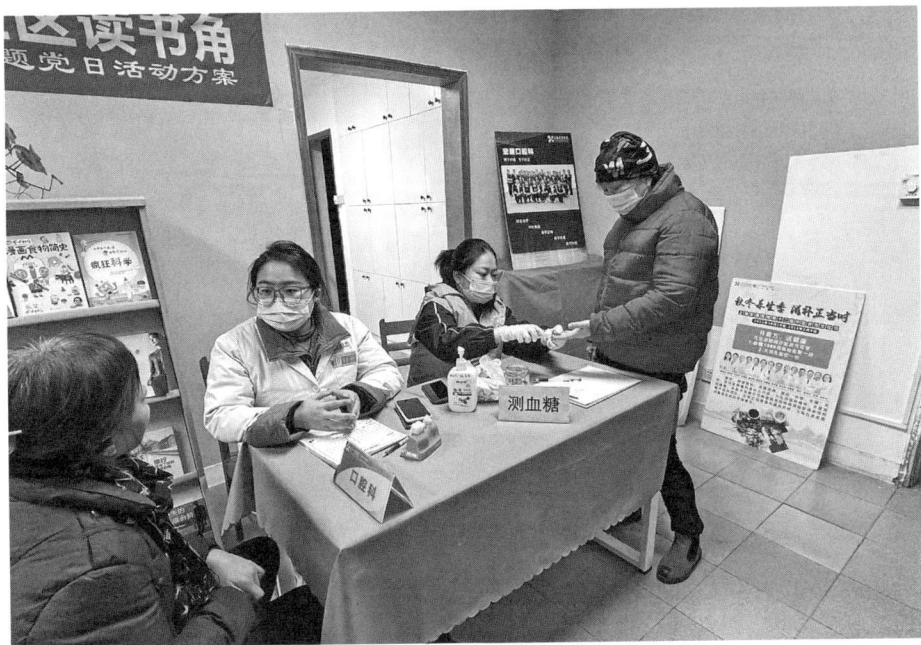

图10　社区卫生服务中心的医生在便民小屋为老人诊治

三、创新与成效

赵家花园在圆居民加梯梦,打通东西苑围墙,还居民便捷通畅的通行道路,传承非遗文化等的过程中,取得了良好的成效,居民参与度、价值感和满意度都得到了大幅度提升。

(一) 参与度提升

赵家花园现有70%的老年人加入老年议事会、红色加梯联盟、"常春藤服务队"、赵园菊艺特色文化项目等自治社群团体中,参加各类活动团队的老人更是达到了

图11　加装完成并投入使用的新电梯

1 800余人，与之前只有少数业委会成员、楼组长或志愿者积极参与的局面形成了鲜明的对比。在加梯工作推进过程中，全过程人民民主机制也得到了充分体现。经过1年多的努力，加梯工作卓显成效，有15台电梯已经投入使用，另有6台电梯加装也已完成意见征询工作，正在审批过程中。这些成果得到了居民们的高度赞扬和认可。

（二）价值感提升

　　老年人在参与社区自治的过程中，实现了自己的社会价值，为社区的和谐发展作出了自己的贡献。参与各类活动的老年人在互动交流中，不仅拓宽了自己的社交圈子，还能够发挥自己的特长，为社区建设增添新的元素。通过共参与讲好赵园故事，齐动手打造"赵园记忆"特色品牌，不仅提升了老年人的生活品质，也让更多居民有了重新认识了本社区的机会，从而获得强烈的归属感和荣誉感。

图12　社区的老年人正在赏花品茶

（三）满意度提升

老人们在参与各类活动的过程中，感受到了社区的关爱和温暖，对社区的各项服务和设施给予了高度评价。同时，社区也通过老年人的参与和反馈，对老年人的需求和意愿有了更多的了解，服务质量也有了大幅度改进和提升，在社区生活的老年人越来越安心、越来越满意了。

四、启示与展望

赵家花园在创建老年友好型社区实践中，逐步探索组建了"常春藤服务队""红色加梯联盟""老年议事会"等一系列老年特色自治社群团体，老年人在有序、高效的社群互动中，实现了自我价值的提升。通过赵园菊艺这一特色非遗文化项目，让许多热爱园艺的老年人有了展示自己才华的舞台，也为社区增添了一道亮丽的风景线。在参与"红色加梯联盟"的过程中，老年人运用自己的经验和智慧，为社区的安全和谐提供了有力的支持。因救助流浪猫而发生冲突后推进的"流浪猫绝育"项目，因不文明养犬现象增多而成立的"宠物护卫队"，因毁绿种菜而成立的"护绿小分队"，因智能手机走到一起的"掌中宝"学习小组等，一大批老年人自创自建的自治团队纷纷涌现，这些以老年群体为主的团队，真正成为社区的自我管理者，这些"岗位"让老年人有了更多发挥余热的空间。

莫道桑榆晚，为霞尚满天。通过激发老年群体的善治新动能，赵家花园实现了从"养老"到"享老"的幸福转变。今后，社区将进一步根治老旧小区的弊病，继续探索居民共参与的自治新模式，以不断提升老年人的生活质量和幸福感为目标，为创建和谐美好的老年友好型社区而不懈努力。

（报送单位：普陀区宜川路街道赵家花园社区）

专家评析

　　普陀区宜川路街道赵家花园社区是20世纪70年代建成的老式住宅小区，也是上海典型老旧小区，存在老龄化程度高、老年人群体量大、适老化设施缺乏、配套不够齐全、为老服务内容不充分等痛点问题。在加装电梯、打通东西苑墙、适老化改造、菊艺传承、便民小屋志愿服务实施的过程中，搭建的老年议事会、红色加梯联盟、"常春藤服务队"、赵园菊艺特色文化团队等老年社群发挥了重要的自治作用，充分体现了老人们以社区为家，共商共治共享的主人翁意识，有效提升了老人们的参与度、价值感和满意度，彰显了老年友好型社区的创建精神。本案例紧扣社会参与主题，内容翔实、文字通俗、娓娓道来，讲好了老旧小区自治的上海故事，具有较强的可借鉴性、可复制性和可推广性。

裘　文

上海复医老龄健康研究中心　副秘书长

自治治理齐参与，老人满满获得感

闵行区莘庄工业区瓶安路社区位于上海西南部，北到鑫都路，南至瓶北路，东到北庙泾河，西至瓶安路，共有2个居民小区——宝铭苑和紫云华庭。该社区共有常住人口3 300人，有34个居民小组，60岁以上老年人有435人，其中60～69周岁的老人有289人，70～79周岁的老人有121人，80周岁以上的老人有25人，残疾老人10人，独居老人8人。虽然目前老年人占比不高，但是社区老龄化程度也呈逐年上升趋势。

一、背景与动因

瓶安路社区毗邻莘庄工业区，酷似工业园区的员工宿舍，故此得名。其居民多为全国各地来沪的年轻务工人员，落户定居上海后，家中的老人也随之从老家迁居而来，这些老年人来自五湖四海，文化程度参差不齐，生活习惯和人文风俗各不相同，给社区治理带来了较大的难度。

（一）需求解决遇瓶颈

居民的日常需求或诉求很多都是比较细小、零碎的，无法通过现有的途径得到快速有效解决。一方面是需求无处诉，民意不上达；另一方面是居委工作找不准重点，切不中要害，上下脱节，许多问题日积月累成为顽疾，给居民生活带来诸多影响。

（二）各种陋习成顽疾

瓶安路社区地处上海郊区，为动迁房小区，一部分居民是从上海农村迁移过来的本地农民，还有一部分是随年轻一代移居来上海的外地老人，以前在老家也主要是务农的，这些老人一辈子在地里忙活惯了，对土地有着强烈的执念，经常在小区公共绿地里见缝插针地种上自己心爱的农作物，毁绿种菜十分现象严重。此外，小区楼道内乱堆物、乱停车，踏绿乘凉，防盗门随意敞开，公共区域大声喧哗，随意晾晒衣物等现象在破坏环境的同时，也造成了较大的安全隐患，居民们抱怨声不断。

如何全方位调动老年人积极参与社区治理的热情，充分发挥不同地域老年人的特殊作用，解决痛点、难点问题，把住自治源头、机制和方式，探索符合本社区人文特点的自治模式，始终是瓶安路社区的工作重心之一。

二、举措与机制

为破解在解决居民需求中遇到的瓶颈，从根本上改变居民们多年来养成的陋习，瓶安路社区在自治源头、方式、机制上下功夫，充分把握"自治自理齐参与"的核心。

（一）把住自治源头，搭建议事平台

为使居民尤其是老年人的日常需求得到快速、有效的回应，居委搭建了"居民自治结构"。该结构由自治项目认领平台和自治项目孵化平台两部分组成。两个平台在"四位一体"（由党组织、居委会、物业和业委会共同组成）的支持引领下开展工作。自治项目认领平台由志愿者家园、楼组议事厅、群艺坊等居民自治团队组成。自治项目孵化平台的主要形式是瓶安议事厅。瓶安议事厅由具有一定自治经验或一定威望的居民骨干组成，包括居民代表、楼组长代表、党员代表、业主代表、团队骨干等。最初的居民日常需求，向自治项目认领平台表达，并参与其中自治，经过瓶安议事厅的项目孵化、需求汇总、项目对接、议事协商，实现需求回应、服务提供和文化营造，最后进行成效评价。瓶安议事厅是一个居民共同议事的实操性平台，为居民自治项目的孵化和运行提供了充足空间，在整个自治结构中起到良好的上下通达的桥梁作用，打造了"项目式"的固定自治模式，即提出需求、商讨议题、独立或

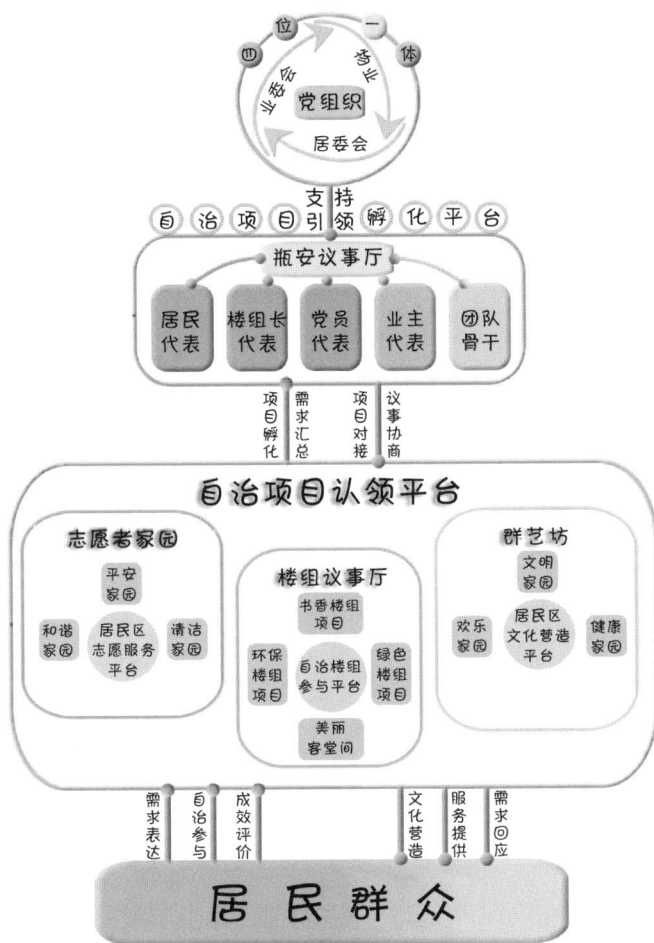

图1　居民自治结构图

统筹协调各职能部门解决问题的闭环式结构,使居委工作件件有着落,居民诉求事事有渠道。

瓶安议事厅前身为"瓶安智囊团",主要由居委代表、物业代表、业委会代表、社区民警、党员代表、志愿者骨干和居民代表等共同组成。瓶安智囊团利用罗伯特议事法则商讨了多个议题,成功解决了多项居民诉求,运转越来越规范,2015年正式更名为"瓶安议事厅",并举行了首届议事会。这个全新的民主机制,赋予了居民们更多参与和主导社区事务的权利,吸引了不少老年朋友们前来报名。前期,通过自荐和

（他人）推荐的形式初选出第一批入选人员名单，经过党组织把关，再遴选出合适的候选人，最后，由30位居民代表投票选举产生17名议事会成员，在17名议事会成员中，自选出1名理事长、2名副理事长，定期带领大家开展工作。首届议事会的成功举行为社区描绘了一个全新的蓝图。2021年，首届议事会完成了它的使命，每5年一届的议事会即将到期，在居民们的热烈响应下，又一次成功选举出了第二届议事会的17名成员，新成员中有刚当选的，也有上一届老成员连任的，议事会在新老成员更替中，既有老成员传帮带，又有新鲜血液的补充，为瓶安议事厅的长效运行打下了良好的基础。

（二）把住自治方式，志愿者网格化

近年来，社区网格化管理已经成为城市基层治理的重要手段。瓶安路社区将其作为推进社区治理体系和治理能力现代化的重要抓手，将网格化管理工作做实、做细、做牢。社区专门成立了网格工作小组，由居委书记担任组长，副书记和副主任担任副组长，居委干部担任各网格的网格长，巡查员、物业工作人员、楼组长、志愿者担任网格员。每个网格员分工明确，各司其职，深入推进网格化管理工作。在此基础上，进行详细的网格划分和认领，每个网格员都有自己的网格区域，即责任田，每个网格或每个楼栋都有专门的楼长和责任人，确保了每个区域都有责任人负责管理和服务，实现了大网格套小网格，小网格套微区域，即门洞或公共部位的精细化管理模式。此外，还充分发挥志愿者的作用，让他们成为网格化的重要力量。志愿者们不仅可以在网格内开展各类志愿服务活动，还可以收集和反馈居民的意见和建议，及时调解和处理各类矛盾和纠纷。网格化管理模式使社区开展的任何工作或活动，包括宣传发动、工作推进、开展活动都有了"抓手"，出现问题时都能在细化的微网格或小网格里得到及时收集、发现、落实和处置，如车辆乱停放、楼道堆物、道路破损等问题，都能得到及时解决，调解劝阻不文明现象也能在第一时间得到反馈，起到了事半功倍的成效。

为引导老人们成为自治治理的"主角"，积极加入志愿者队伍，还建立了积分兑换制，老人们每参加一次社区志愿服务活动就可积一分，针对社区治理中的难点问题提出建设性意见的可积一分，甚至按时参加社区活动也能获得积分，这些积分到年底可兑换小礼品，这种方式不仅激励了老人们积极参与社区治理，也让老人们有了较强的价值感。

图2　网格化管理成员正在召开会议

（三）把住自治机制，齐参与更持久

1. 分析研究机制

为了确保社区治理工作的顺利进行和信息沟通渠道的畅通无阻，瓶安路社区采取了一系列措施，每月定期召开例会进行分析和讨论，收集各类信息，以便及时有效地化解社区矛盾。

在例会方面，就近期的工作进行汇报和总结，讨论社区内的重要事项，并对下一步的工作进行安排。此外，会议还提供了一个交流思想和分享经验的机会，使社区工作人员能够相互学习和提高。在信息收集方面，瓶安路社区通过多种渠道收集信息，包括居民的反馈、巡查员的报告、物业工作人员的观察等，并对收集到的信息进行认真分析和判断，以便制定出最有效的解决措施。

当遇到需要解决的问题时，工作人员马上行动起来，拟定解决方案，及时上报。在解决问题的过程中，工作人员也会主动跟进，密切关注进展情况，如果问题在第一时间得不到解决，就及时与相关部门沟通协调，直到问题被彻底解决。

图3　居委干部正在进行每月例会

2. 评估督导机制

为进一步提高社区自治水平，瓶安路社区组建了一支督导队伍。这支队伍由居委书记担任队长，队员们都是来自社区的自治成员，包括支部纪检委员、议事会副理事长、楼组长、志愿者团队骨干等。这些成员不仅热心于公益事业，还具有丰富的社区工作经验，为督导工作的顺利开展提供了有力的保障。同时，为确保社区治理工作的规范化和高效性,建立了一套完善的评估督导机制。这套机制包括定期组织开展督导检查,每季度召开专题会议,反馈督导情况,对发现的问题及时分类汇总,并进行深入分析和研究,找出根源,提出解决方案,安排专人对督导中发现的问题进行跟踪,确保后期整改落实到位。

3. 计划制订机制

瓶安路社区始终坚持计划制订机制,以确保各项工作有条不紊地开展。每年年初,召集党员、楼组长、志愿者等人员召开座谈会,收集民意,倾听居民的心声,根据收集到的意见和建议,按照轻重缓急的原则进行梳理和排序,有针对性地制订年度工作计划。同时,为了确保工作计划的有效执行和落实,每季度对工作计划的进度和开展情况进行对照和跟进。这个机制不仅能及时了解每项工作的开展情况,掌握社区现状,也能第一时间调整和优化工作计划,确保工作计划的顺利实施,让社区的发展从"规划图"变成"施工图",从"施工图"变成"展览图"。

图4　瓶安路社区正在召开志愿者座谈会倾听民意

三、创新与成效

瓶安路社区始终坚持党建引领，积极引导和鼓励老年人发挥自治作用。社区环境的维护和改善，不仅需要居委和物业的努力，更依赖于所有居民的共同参与和付出。

（一）议事厅议民事，家园更美丽

瓶安议事厅每月 25 日定期召开议事会，遇到需及时解决的问题时，议事会也会临时召开不定期会议，讨论居民提出的亟须解决的问题，针对相关议题，积极查找问题根源、寻求解决方案、各方献计献策，让居民们组成的议事厅真正议居民自己的事。

针对楼道脏乱差现象，议事厅立即召开会议，共同商讨解决方案，几位骨干成员提出楼栋自治，楼道也是居民的家，要靠居民自己的双手来打造，利用楼栋内居民的不同特长，美化楼栋，打造美丽楼栋。这个方案得到了大家的一致赞同，决定选取一个楼栋先行开展，树立典型，

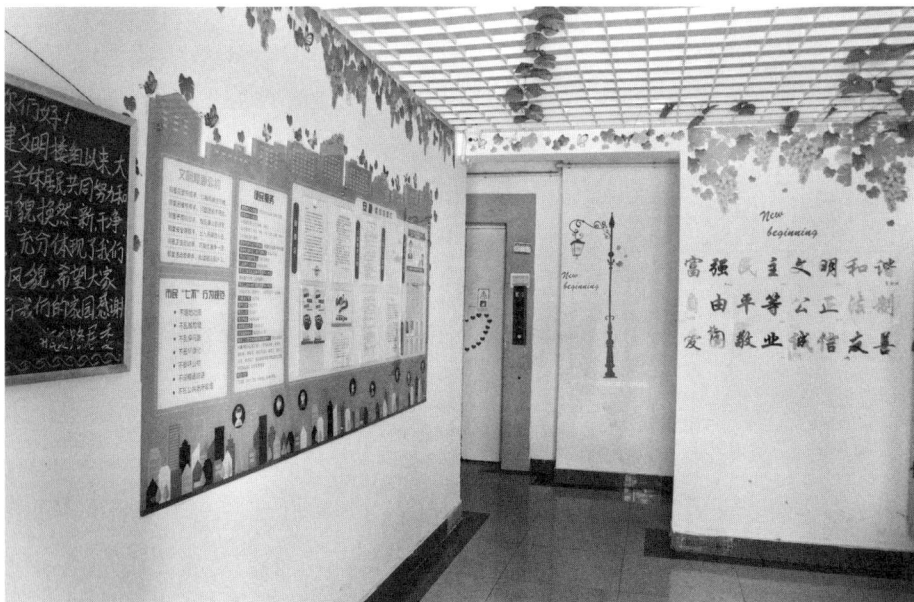

图 5　美丽楼道示范楼——安馨楼

凸显成效,示范引领,激发出其他楼栋居民共同参与自治的强烈意愿,目标是让所有楼栋都能成为美丽楼栋。从18号门栋安馨楼组率先开始,其楼组长被大家推选为"安馨楼代言人",楼栋居民自筹资金,拿出家中闲置家具和其他物资,能画的画,能写的写,各显其能,设置了公共宣传版面,自治管理角辟出《有话要说》栏目、光荣榜等专题板块,并由专人负责亮牌和更新,同时,也鼓励楼道内的"散户"(出租户)加入自治队伍,全楼栋的居民共同参与,动手美化布置自己的家园。在18号安馨楼的示范引领下,现在社区内所有楼栋都有了美丽楼道,生活环境变得更加优美,居民们都拍手叫好。

针对小区毁绿种菜现象,议事会也是第一时间召集成员召开会议,群策群力,有人提出利用环保的方式建设生态瓶子菜园,老人们将用完后的油桶、水桶、饮料瓶等塑料制品收集起来,加工成统一形状的器皿,用来种植当季蔬菜,大手牵小手,老人小孩齐动手,共同打造美丽菜园。这一举措既根治了乱种菜现象,维护了绿化环境,又促进了居民的互

图6　瓶子菜园里的各种蔬菜生机盎然

动,拉近了邻里关系,更使小区公共绿地有了新的生机。

除此之外,议事厅还成功解决了电动车不进电梯、共享单车不进小区、修建休息凉亭（紫藤架）等10多个问题,这些丰硕的成果涉及小区环境的改善,也满足了小区居民的日常生活需求,极大地提升了小区居民的生活质量,使社区更加和谐、宜居。这一切都有议事厅成员们的一份功劳。

（二）网格化伸触角,大家共参与

瓶安路社区充分发挥志愿者的作用,让他们成为网格化的重要力量。志愿者中的大部分是老年人,他们不仅在网格内开展各类志愿服务,还收集和反馈居民的意见和建议,及时调解和处理各类矛盾和纠纷,让居民们有了满满的获得感和幸福感。

党支部动员党员认领公益项目,在《瓶安路居民区党支部公益项目认领单》上,党员们可以自由选择适合自己的公益项目,从而扩大志愿

图7 志愿者们正在为居民服务

者队伍。这些公益项目涵盖了扶弱济困、便民利民、治安维稳、环境保洁、宣传教育、文体娱乐和爱心募捐等多个方面,既满足了居民的不同需求,也为社区的繁荣发展注入了新的活力。

通过成立各类文体团队的方式来吸引老年人参与社区自治。这些团队包括舞蹈队、广场操队、旗袍秀、读书会等,同时开放健身室、阅览室等设施,使老人们在丰富多样的活动中逐渐融入社区生活。此外,还利用暑期组织各类亲子活动,如"大手牵小手"等,通过讲座、活动等形式,老人们将自己亲历的故事分享给大家,这些活动不仅让老人们感受到了社区的温暖和关爱,也让他们渐渐成为社区治理的一分子,增强了他们的归属感和集体荣誉感。

图8　舞蹈队正在排练舞蹈

创设公益基地,通过挖掘自身资源,发挥自身优势,开展多种迎合老年人需求的公益服务,如链接周边学校来基地瓶子菜园进行科普教育,联合共建企业带着公益书架以及废旧轮胎进自治楼道,发动老年人扮靓小区等。利用丰富的场地资源，开展"紫藤集市""垃圾分类微景观改造"等活动，同时组建志愿者理事会，规范志愿团队建设。目前已具备了良好的志愿服务基础条件、基础资源、服务能力和服务机制，能够长期为居民提供优质的志愿服务。截至2023年年底，第1773号公益基地拥有志愿服务团队21支，有1 066名志愿服务者，公益项目30余个，注册公益护照的志愿者18人。

图9　老人们亲手打造的公益基地

四、启示与展望

每个居民都从自己做起，从小事做起，从点滴做起，积极参与社区治理，为建设美好家园贡献自己的力量。通过搭建议事平台、建立志愿者队伍、健全激励机制、探索社区自治新模式等措施，通过分析研究、评估督导和制定计划等机制，实现了网格化管理，拉近了居民之间的距离，增强了居民的参与意识和自治能力，增强了居民的集体荣誉感，确保了各项工作的顺利开展和信息渠道的畅通无阻，提升了老人们的获得感、幸福感和安全感，共同营造了和谐宜居的社区环境。

今后，瓶安路社区将遵循"为人民服务"的宗旨，坚持"共商谈、齐参与"的理念，进一步完善工作机制，积极探索创新工作模式，借助"互联网+"等新兴技术手段，拓宽老年人参与社区治理的渠道和方式，拓展服务领域和内容，为老年人提供更加优质、便捷的公共服务，增强老年人的参与意识和自治意识，不断推动社区治理工作的创新和进步。

（报送单位：闵行区莘庄工业区瓶安路社区）

专家评析

本案例中的社区为农村动迁与工业园区相结合的老年友好型社区，具有上海本地老人与外地来沪老人相融合的特点。"美丽楼道""瓶子菜园""自创公益基地"等创新举措，既与本社区的地域文化和老年人群结构相适应，又大大提升了老人们参与社区自治自理的热情，同时也充分体现了"社会参与"这一主题，通过实践取得了显著的成效。三项工作机制夯实了社区自治治理的基石，创新的"居民自治结构"，尤其是其中的"瓶安议事厅"，起到了良好的上通下达的桥梁作用，充分体现了老人们共商共治共享的主人翁意识。网格化管理模式也把齐参与真正落到了实处，将自治治理的触角延伸到了社区的每一个角落、每一项工作中，彰显了老年友好型社区的创建精神，具有较强的可借鉴性、可复制性和可推广性。

裘　文
上海复医老龄健康研究中心　副秘书长

银龄自治："理事会"治出农村"新活力"

中民村位于廊下镇西面,涵盖金家湾、匠人浜、河东村等5个自然村落和一个邱移小集镇。全村区域面积达2.75平方公里,拥有耕地面积2 224亩,其中1 345亩为生态涵养林。中民村下辖13个村民小组,共计545户,户籍总人口为1 970人,常住人口为1 207人。老年人口数量众多,60岁以上老年人有734人,占常住人口的60.8%;65岁以上老年人有572人,占常住人口的47.4%。此外,中民村有高龄老人19人,独居老人10人,特殊困难老年人7人。

中民村为了给村民提供更便利的服务,集中打造了"三室一点",让群众体验"一站式服务"。此外,中民村还是廊下镇首个建立村级老年人日间服务中心和助餐点的行政村,建筑面积达到572平方米。该中心采用"日托养老服务＋餐饮"模式,实现周菜谱制度,以满足不同老年群体的需求。这里为老人提供全方位的日间照料服务,包括交流、互助、娱乐、按摩健身和精神慰藉等,使村民能在村里就享受到完善的养老服务,提高生活质量。

2007年,时任上海市委书记习近平来到中民村视察新农村建设工作。此后,中民村一直紧紧围绕习近平总书记提出的"要把老有所为同老有所养结合起来,研究完善政策措施,鼓励老年人继续发光发热,充分发挥年纪较轻的老年人作用,推动志愿者在社区治理中有更多作为"。

一、背景与动因

随着城镇化的推进,中民村面临诸多挑战,包括空心化和老龄化程度日益加深,邻里关系疏远,传统的乡风文明逐渐被遗忘。村民们既无法享受市民的公共服务体系和基础设施，也失去了往日的温暖，面临乡村治理中的时代性难题。

　　2014年3月23日，中民村第五村民小组内一户人家办丧事，老队长因病无法到场，场面混乱。幸得老干部金桂华在场，协调矛盾纠纷，并认识到村民关系逐渐疏远的问题。洞察到核心问题后，金老先生立即召集30多位户代表开会，共同探讨解决问题的策略。以金老先生为首的几位老人提议组建本组"村民帮扶理事会"，设立爱心基金，通过村民自治服务的方式解决问题。该提议得到村民的热烈拥护，并为此出谋划策，明确具体事项。2014年4月20日，中民村第五村民小组理事会召开第一次会员代表会议，全组52户村民中有49位户代表参加会议，讨论通过了理事会章程和爱心基金管理制度。会议推选金桂华、金志林、高月龙和宋玉根担任理事会理事，金芳龙担任监事，负责日常工作。

　　此次会议让村民们重新燃起希望之火，期待在"村民帮扶理事会"的带领下重拾昔日的和谐与繁荣。2020年6月28日，在中民村心联鑫

图1　为"村民帮扶理事会"成员颁发聘书

党群服务站举行了"村民帮扶理事会"揭牌仪式，并为理事会成员颁发聘书。截至2023年年底，理事会内成员有5人，包括1名理事长、1名监事和3名理事，年龄均在60～70岁；理事会中有129名会员，会员中50～59岁的有32人，60～79岁有90人，80岁以上的会员有7人。

二、举措与机制

中民村村民帮扶理事会发扬优良传统，不断创新工作方式，为村民提供更加贴心、高效的服务，让中民村成为更加和谐、美好的乡村典范。

（一）民事自治——促老年社会和谐发展

中民村村民帮扶理事会于2014年4月12日初步创建，制定了详细完善的《村民帮扶理事会章程》及《议事流程》，完善制度，规范理事会管理。几年来，在部分乡贤的引领下，中民村建设成了更有温度的乡村"大家庭"。

图2　五组52户全家福

理事会在调解村民纠纷、倡导公益志愿、提供公共服务与人文关怀方面发挥了积极作用，同时充当政府与村民沟通的桥梁。理事会组建了一支由"老干部"组成的调解队,实行包片负责制,全面排查矛盾纠纷和问题线索,将矛盾化解在"萌芽"状态,切实有效地推动了"平安不出事、矛盾不上交、服务不缺位"。调解队队员充分利用人熟、地熟、感情熟的优势条件,准确掌握村民之间的矛盾,就急难问题逐一开展调解,定期回访,切实解开群众心结,促进邻里和谐。对于处理难度大的矛盾纠纷,他们及时分析研判,对于无法解决的问题上报村委会,采用逐级化解方法。

图3　"老干部"调解队进行邻里调解

(二)点滴关爱——聚民心合力

理事会通过组织家访活动、集体活动和设立爱心基金等方式,积极帮助困难老人,提供便民服务设施,为村民提供更便利的服务,打造和谐宅基。

为帮助困难老人,理事会设立了爱心基金,每年由每户自愿捐赠,金额不限。经过5年的运作,每年募集的经费从100元至1 000元不等。慰问金额由理事会成员按照爱心基金管理制度进行确认,主要用于帮助小组内大病户、困难老人、丧事慰问等。2022年,理事会已运用帮扶理事会爱心基金慰问了15位村民,花费资金6 651元。此外,理事会从爱心基金中拨出部分资金,为高龄老人购买拐杖,让村里的高龄老人能够更安全、更放心地行走。

中民村设立了爱心小报、爱心代办、爱心柜等便民服务设施。通过
与帮扶理事会共同努力，打造和谐宅基，为村民提供更便利的服务。在
帮扶理事会内增添书架提供报纸、杂志让村民小组内的村民在闲暇时可
以看报纸、读书；同时设立爱心代办，帮助老人在网上缴纳水电费，免去老
人们到镇上缴费的麻烦；中民村还设立了爱心柜，提供了螺丝刀、电笔、
钳子、扶梯、打气筒等小工具，方便了村民日常生活。此外，中民村与医
院合作提供上门带配药服务。在疫情期间，他们主动为老人们提供"菜
篮子、药袋子、奶罐子"等贴心服务，让老人们的生活更加便利和温馨。

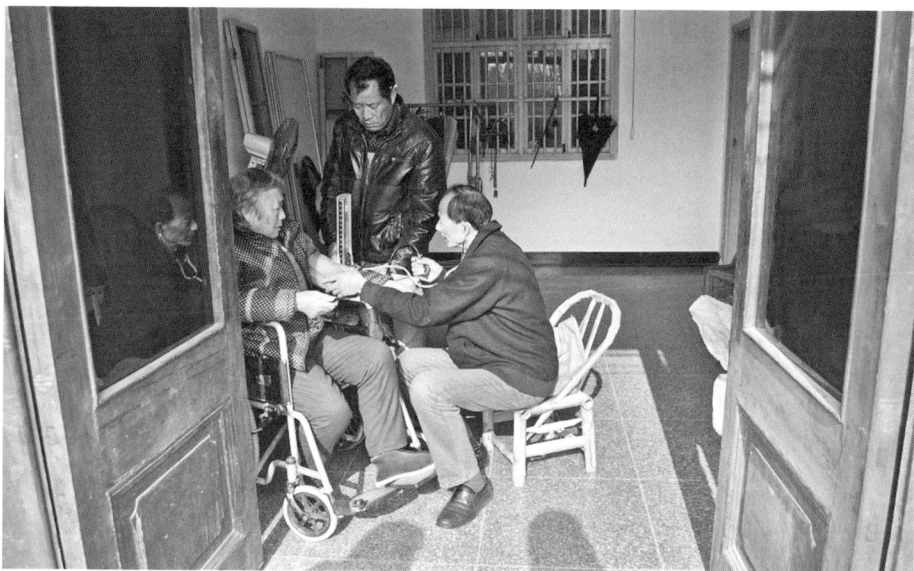

图4　上门慰问和康复指导

（三）聚力共建——创美好家园

在过去几年里，中民村通过美丽乡村建设、村庄改造、垃圾分类、中
小河道整治等各项重点工作，使村容村貌得到了显著改善。然而，农村
宅前屋后的环境问题仍然较为突出。为了解决这一问题，中民村经过
商讨，决定将美丽庭院建设作为贯彻实施乡村振兴战略、建设美丽乡村
的重要工作载体。

　　通过倡导"不请工程队，自己家园自己建"的原则，中民村打造了一支"6070工程队"。这支工程队的成员年龄最大的有70多岁，原来都是从事水电工、泥工、木工等工作的。这支工程队的成立，充分调动了全民参与农村治理的积极性和主动性，让这些仍有余力的"小老人"在建设过程中实现了自我价值，也让他们的老年生活更加充实。

　　中民村采取了以村民宅前屋后的"小菜园""小果园""小花园"等"小三园"为美丽庭院建设重点的推进模式。在建设过程中，村民们积极响应了使用家中闲置砖瓦砌成围墙的提议。村民将家中的闲置砖瓦收集起来，经过精心的设计和打造，将自家的杂乱自留地打造成了精致的"小花园"。村民家宅前屋后被花丛点缀，闲置砖瓦等老物件构成了精致的花坛围墙。随着"小三园"建设的陆续推进，村民们看到宅前屋后的环境发生了可喜的变化，参与积极性也日渐高涨。

　　中民村通过美丽庭院建设，提升了农村人居环境质量，进一步增强了村民的获得感、幸福感和安全感，也为美丽乡村建设注入了新的动力。

图5　"6070工程队"成员正在建设

图6　"小三园"建设

图7　"6070工程队"对村容村貌整治前后对比

2020年，在党建引领的助力下，为了促进生态绿色发展，中民村启动建设"农耕文化"主题党建公园，紧紧围绕习近平总书记提出的"三个百里"建设目标，利用闲置土地打造了"口袋公园"，既美化了人居环境,也让党员、群众享受了区域化党建工作的成果。

党建公园的建成进一步保护、传承和利用好农耕文化、人文精神与和谐理念,保护独特景观、推动乡村旅游,同时也丰富了村民的文化生活,美化了环境。后期公园的打理与维护都是由"6070工程队"负责。村民各自的"责任田"里种植了当季蔬菜,蔬菜成熟后村民会将一部分蔬菜赠送给长期支持村委会工作以及帮助村委会更好发展的单位和爱心人士们,并送给村内困难家庭、高龄老人或供应给村中老年人助餐点。

"6070工程队"成功推动中民村"美丽乡村示范村"的建设,改善了中民村的乡村风貌,成为推动中民村乡村振兴建设的一股重要力量。

图8　"6070工程队"打理党建公园

三、创新与成效

在理事会成员的持续努力、村民集体智慧以及村委会的大力支持下,中民村小组理事会逐渐发展成为一个管理科学、配置高效的新时代村民自治组织。该组织作为中民村村民自我服务与自我管理的基层自治组织，通过合理配置成员，确保每位村民都至少有一位理事会成员对其负责，从而有效避免了与群众的脱节。此外，理事会还定期组织寻访活动，深入了解村民的思想动态与生活状况。同时，积极举办各类集体活动，以增强村民之间的凝聚力。理事会的成员由本组村民推举产生，其主要职责包括协助村委会工作、调解矛盾纠纷、倡导文明新风、参与民主协商、维护村民权利、宣传党和国家政策以及代办基本公共服务等。这些举措使得中民村小组理事会在实践中不断进步，为村民自治组织的现代化发展树立了典范。

自2020年以来，中民村通过"自治公堂"议事机制，积极开展自治活动，以解决村民的实际问题。据统计，2020—2023年，中民村共开展自治活动38次，参与人数达1 248人次，解决基层纠纷36起，开展议事活动32次，慰问困难村民34次。截至2023年11月，理事会平均每月服务次数达7次，受益人数达676人次。这一系列的成果充分证明了"银龄自治"在中民村的成功实践。

中民村不仅通过自治活动解决了许多村民的实际问题，还积极推动和谐家庭和淳朴民风的建设。在"银龄自治"的实践中，中民村涌现出2位见义勇为的英雄——金凯华和宋玉连。她们在危急时刻拯救了落水儿童和妇女，展现了中民村民的英勇品质。她们的英勇事迹和高尚品质，为每个村民树立了榜样，照亮了村民们的内心。除了金凯华和宋玉连的英勇行为外，中民村还有一位以孝顺著称的好媳妇——顾妹华。她的家庭荣获了上海市五好文明家庭、金山区最美家庭、金山区平安家庭等多项荣誉。顾妹华成为中民村的典范，也为其他村民树立了良好的榜样。

在服务效果方面，"自治公堂"议事机制的建立，使得中民村的老干部、老党员和乡贤能人成为村里的"主角"。他们深入群众之中，准确地将群众的呼声传达给村委会，使得村委会的服务工作更符合群众期望。这种做法有效地解决了社会治理的"最后一公里"问题，增进了邻里间的情谊。这种自治模式为其他村庄提供了可借鉴的经验,有助于推动乡村治理的进一步发展。中民村的"银龄自治"得到了广大老年人和其他村民的积极响应和支持。许多老年人表示,"自治公堂"议事机制让他们感到自己的声音被听到和重视,也让他们更加积极地参与村庄的建设和发展。同时,中民村的"银龄自治"也得到了社会各界的广泛关注和认可。通过"银龄自治",中民村的社区凝聚力得到了增强,村民们更加关心和积极参与社区事务,形成了一种良好的社区氛围。这种自治模式还激发了村民们的创新精神,他们积极为村庄的发展出谋划策,提出了许多有益的意见和建议。

在未来的发展中,中民村的"银龄自治"将继续完善"自治公堂"议事机制,加强社区建设,提高村民的生活质量。同时,他们还将积极探索新的发展模式,推动中民村的可持续发展,让中民村成为一个更加美好、和谐、繁荣的社区。中民村的"银龄自治"为其他村庄提供了可借鉴的经验,有助于推动乡村治理的进一步发展。

四、启示与展望

(一)问题与不足

部分理事会成员文化程度不高,缺乏专业能力。在工作开展中缺乏必要的专业知识和技能,影响了工作效率和质量。

村民帮扶理事会的做法缺乏提炼总结。尽管中民村在村民帮扶理事会的运作上取得了一定的成效,但是其在提炼和总结经验及案例方面却显得相对不足。

中民村的村民帮扶理事会面临资金困境。由于中民村经济发展较为薄弱,财政收入有限,依赖村级财政投入将增加其财政压力;而完全依赖村民自筹资金,将加重村民的经济负担。

(二)今后工作思路

未来,中民村将进一步加强理事会成员培训和能力建设。加强与其他组织或者机构的合作和交流，共享资源、互相学习，提高工作效率和质量。

总结提炼村民帮扶理事会运作的经验和案例。加强对村民帮扶理事会运作的经验和案例的提炼和总结，形成一套完整的工作机制，涵盖村民帮扶理事会运作的各个方面，包括具体的操作流程、实施方法和注意事项等，为其他地区开展类似的工作提供很好的借鉴和参考。

开源节流，整合资源，适当倾斜资源。引导社会资本进入，吸引更多的社会力量参与其中，共同推动村民帮扶理事会的发展和运作。

（报送单位：金山区廊下镇中民村）

专家评析

莫道桑榆晚，为霞尚满天。中民村村民帮扶理事会从成立之初以单个小组为试点，到成为中民村推行常态化以"自治""德治"为引领的制度化理事组织，中民村村民帮扶理事会展现出新时代具有高度示范作用和推广意义的村民自治新模式。各村民小组的村民理事会带领全体中民村村民，将中民村重新建设成为"守望相助、患难相恤"的乡村大家庭。

王　颖
复旦大学公共卫生学院　教授

发挥"云上社区"优势，将为老服务做进网络社群

　　尚海郦景社区建于2014年，竣工于2016年，属于高档商品房居住区，地处洋泾街道的西北部。辖区东至新兴路，南至商城路，西至桃林路，北至乳山路，总用占地面积为115 786.2平方米，总建筑面积为418 237.3平方米，绿化面积为40 525平方米，绿化率为35%。辖区常住户数1 772户，常住人口4 508人，有常住老年人口372人，其中60～69周岁老人有274人，70～79周岁老人有76人，80～89周岁老人有18人，90～99周岁老人有4人。作为高档商品房小区，尚海郦景社区居住环境好，道路平整，楼梯间和卫生间设有扶手，所有居民楼及会所均配置了电梯，主要活动场地和主要通行道路设有休息座椅，主要出入口实行人车分流。

一、背景与动因

　　尚海郦景社区成立之初，社区居民自发创建了居民信息互助群，刚开始主要限于物业、装修、入学等基础话题。随着居民的不断入住，社区老龄化程度也提高了，为子女带孩子的老年人越来越多，他们平时空闲的时候越发感觉到了无聊和孤单，迫切想要出去社交，于是积极参与线上互动，加入微信群，根据兴趣需求，分化出房产、金融、生活、休闲、旅游、美食、教育、运动等八大话题领域。这些领域并非预先设定，都是由居民根据自身需要，从兴趣爱好、生活互助、育儿交流、个人维权、公共利益等角度自发形成的天然话题部落。尚海郦景居委积极行动起来，着手体系化构建"云上社区"，截至2023年年底，已建有各类网上微

信塔群68个，平均每个网上社群有110人左右。

社区党组织在走访中发现老年人存在社交圈狭窄、缺乏朋友、内心孤独等问题，"候鸟老人"多，邻里间缺乏交流，陌生感强烈，与外界的交流基本上靠手机等通信工具，如何帮助他们快速融入社区成为社区老龄工作的重点和难点。

二、举措与机制

尚海郦景居民区党组织紧紧围绕"党建引领，区域统筹，多方参与，自治共治"的理念，凝聚党群合力，精准立足辖区老年人的特点，从老年人熟悉的手机微信入手，探索"云·尚治理"体系，通过线上微信沟通与线下微网格治理联动，凝聚起居民自治骨干力量，运用"五步法"建设"云上社区"，整合多方资源，打造有温度的老年友好型社区，让老年人足不出小区就能了解小区，获得想要的信息，得到解决问题的途径，从而自发地参与小区管理，实现老有所养、老有所为、老有所乐，营造出了人人有序参与的社区氛围。

（一）满足多元需求，双管齐下建群

一方面，在社区党总支的主导下，"自上而下"地搭建了覆盖小区全体业主的系列微信群。在已有"春、夏、秋、冬"四个业主大群的基础

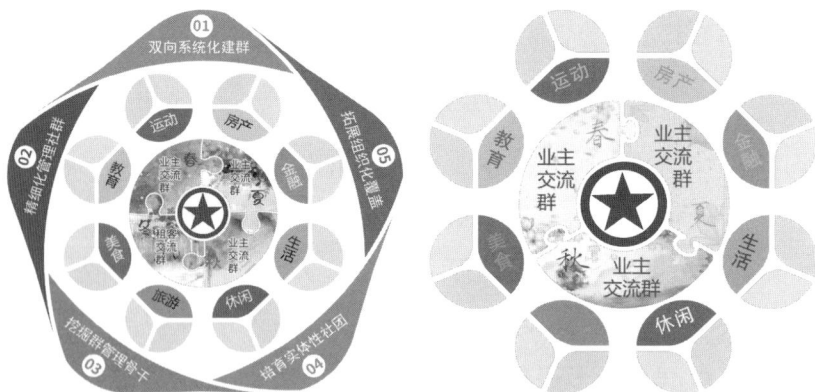

图1　"五步法"建设"云上社区"

上，分别建立微网格楼组群、单元楼栋邻里群，满足了不同空间尺度信息发布与沟通交流的需要。另一方面，社区党员干部通过调研问卷收集居民的需求，与各社群骨干共同"自下而上"组建起一批专题性微信群，涉及旅游、美食、教育、运动等八大话题领域，整体形成了纵横交织的圈群分众结构，满足了居民在多元场景下同频共振的需要。对于老年居民而言，减少了他们的孤独感，让他们在自己感兴趣的圈子内找到伴，在网络社群内受到群体情绪的感染，增进彼此的共情能力，感受到爱与被爱，展示自我，实现价值。

（二）确保信息安全，精耕细作管群

随着"云上社群"数量的增多，主题日益丰富，更需要加强管理，以保障社群的健康发展。社区党组织以"春、夏、秋、冬"四大业主群为主群，制定了详细而明确的《尚海郦景微信群总群规》，以此为大纲，鼓励各分众群组形成各具特色的专属群规和符合其功能特质的群文化。对于老年群体而言，一开始加入社群会感到陌生，为了帮助他们适应新事

图2　微信群群规汇总

物,居委特运用鲜艳明亮的色彩加强群内消息的视觉冲击力,积极给每一位老年群员回应,让他们在群内找到归属感,严格执行入群资格审查、群昵称更改、群清理条件触发、不定期必要整顿等机制,并引入群管理机器人辅助管理员进行管理,确保信息安全。

（三）党组织牵头,挖掘群管理骨干

社区党组织以经常性倾听、常态化沟通的方式,邀请各"群主"参与社区事务,尤其是在疫情防控期间,通过微信群及时发布疫情速递、抗疫日报,实现信息"云"公开,推动小区"云"议事。社区工作者和党员干部积极入驻微信群,通过群管理事务发现居民当中自发涌现的能人,积极引导他们从幕后走向台前,并赋予其"第二楼组长"的身份,持续推进"双楼长制",推进年长党员和青年骨干优势互补、工作融合,形成"第一楼组长＋青年楼组长＋少年楼组长"的老青少"三长"治楼新格局。

居委通过公众号宣传招募热心社区事务的志愿者,众多离休老年干部纷纷前来报名,老年居民们还带头参加社区图书馆的志愿服务工作,发挥余热。在几名党员同志的牵头下,社区又组建了安保监督组、绿化监督组、工程监督组,直接参与小区治理与公共权益维护工作。社区党组织将部分老人逐渐培养成社区志愿者骨干和社区治理骨干,为组织覆盖提供了人才储备。

（四）线上线下联动,培育实体性社团

帮助"云上社群"落地,成为线下活跃的实体性社团,并形成特色鲜明、功能稳定的基层团的工作项目。尚海郦景公众号虽仅覆盖社区居民,但内容输出质量较高,粉丝黏性较大,单篇推文阅读量过千为常态。所有活动都通过"线上＋线下"双重报名方式,提高老年居民的上"云"率,将老年服务做进网络社群。

"悦动郦景"项目作为"运动"群落的线下社团活动载体,定期组织开展家庭运动会、篮球对抗赛、乒乓友谊赛、滨江跑团、亲子骑行等户外运动类活动。针对运动项目,细分出13个延伸群,分别对应着不同的线

下活动形式。针对小区内喜爱运动的居民,小区成立了尚海郦景乒乓球队、篮球队以及太极队,并联合物业开展比赛,许多老年朋友也踊跃参加,气势不减当年,身体素质也得到提高。

"Face to Face"项目是"有缘一线牵"微信群的线下社团活动载体,每年开展多次线上、线下联谊交友活动,社区内的老年居民都纷纷表示非常支持这个项目,目前已有3对居民相亲成功。成功的例子就在身边,尚海郦景通过网络社群将这些案例传播出去,吸引了更多社区居民的参与。针对小区内为子女带孩子的老年人,尚海郦景居委还经常组织邀请祖孙两代观看红色电影、参与三代同堂亲子活动等,丰富了老人们的业余生活。

(五)注入党组织力量,拓展党组织覆盖

对一些已具备良好群众基础的"云上社群",党总支及时介入引导,不断拓展党组织的功能,注入党组织的力量,基本形成以党建引领基层治理的工作格局。通过在社区微信公众号发布党员报到入口,引

图3　党员云报到入口

导党员向社区报到，并将党员干部分散在各个网络社群协助群主参与群管理等事务。

每两周线下开展一次业委会筹备组会议，加快推动业委会成立。通过微信公众号实时发布业委会组建工作信息，加大宣传力度，扩大覆盖面，凝聚起小区的红色力量，通过摸排了解，推选出真正有担当、有责任感的能人，确定居民认可的业委会候选人，全程跟进、规范流程、依法有序推进业委会组建工作，业委会的成立将对居民区为老服务的开展和推动有较大帮助，不断提升老年居民的生活"幸福指数"。

图4 业委会组建工作进展分享

党组织积极引导党员们共同参与社区事务，尤其是在疫情防控期间，党员们通过微信群及时发布疫情速递、抗疫日报，实现信息"云"公开，推动小区"云"议事，将关心老人作为志愿者工作的重点，楼组长排查各自楼里的独居老人情况，居委统一整理信息，尽量将老人亲属拉入微信群，请家属协助自家老人参加线上团购，然后由所属楼栋志愿者帮忙送上门，有必要时一对一帮扶，解决或反映实际问题。

通过将楼组党建情况和重点人员动态相结合，形成"楼组作战图"，通过挂图作战实现了各类情况一目了然，有的放矢地开展工作；同时，探索"动线管理"，在小区门口规划"人员登记测温、车辆进出通行、快递外卖无接触配送"3条动线流程，形成"动线管理图"，有效提升管理效率，降低风险。

三、创新与成效

为了帮助老年人解决在使用智能手机过程中"不会用、不敢用、不想用"的问题，助其同享信息时代带来的便捷，丰富"老年友好社区"的内涵，结合浦东团区委下沉的项目资源，社区于2023年10月9日在尚海郦景居委101活动室开展老年人智能手机教学活动，课程内容丰富，从基础教学、手机摄影、微信功能、防电信诈骗4个方面开展教学，内容贴近生活实际、寓教于乐，广受老年居民的欢迎。

社区内的老年人在居委社工们的指导下，渐渐学会了使用智能手机、软件等。此外，尚海郦景居委也多次组织开展智能产品应用培训活

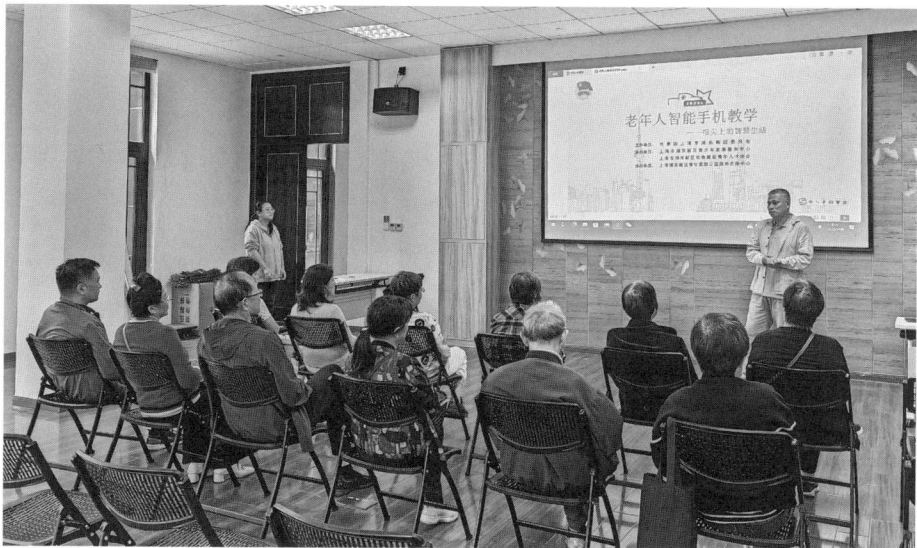

图5　老年人智能手机教学活动现场

动，如微信、国家反诈中心 App 的安装使用，用导航软件查询公交信息，社区云、健康云、随申办的基本功能使用等，让老年人能够更快掌握必备的操作知识，提升老年人的技术使用能力，一同跨入智能新时代。

在每年的春节和重阳节等传统节日，居委提前在微信公众号和网络社群招募愿意给老年人送关爱的小朋友志愿者，发动"云上社区"力量，让小朋友敲响老年人的家门，亲手送上"福"字、重阳糕等有代表性的节日礼物，把美好的祝福送给老人。童心敬老的节日活动不仅引导了孩子们传承尊老、敬老、爱老的传统美德，而且让老年人在浓浓的节日氛围中感受到温情，体会到来自社区的关爱和温暖。

尚海郦景社区有着浓浓的尊老爱老氛围。为了让行动不便的老年居民能感受到中国传统节日的气息，党组织通过科技助力社区治理，小区内的合唱队、拉丁舞队、拳操队、腰鼓队等提前录制过节视频，通过线上平台，让老年人在电视手机上就可以观看节目，这种新型的文艺展现方式得到了他们的大力支持。

四、启示与展望

从一部小小的手机出发，尚海郦景社区开展贴近民生的智能手机教学活动，积极帮助社区老年居民融入信息网络时代，享受数字科技带来的便捷，增强了老年居民的获得感和幸福感。尚海郦景社区将继续总结经验，不断优化，以居民喜闻乐见的活动形式，助力老年人接轨新时代的智能生活，为更多社区老年人提供更加贴心优质的服务。

接下来，尚海郦景将立足老年人的实际需求，针对小区老年流动人口多的特点，积极提升社区为老服务质量与水平，满足老年人在社区中日益增长的需求，发挥"云上社区"优势，将为老服务做进网络社群，通过抓好设施建设、优化服务水平、引导社会参与、探索智慧助老，不断开创新形势的老年人活动，做到真正的"应老人之所需，解老人之所难"。

第一，持续推动小区达人队伍的培育与管理。居民区党总支用个人特长标签为各领域能人分类赋值、精准画像，完善小区治理达人库。通过打造由党员带头的队伍，充分调动群众的积极性、主动性、创造性，更好地凝聚力量提供为老服务。

第二，丰富"云直播"的多元化内涵。居民区党总支与党员干部共同建立小区直播间，让直播间成为居民了解社区、反映社情民意、居民参与治理的新平台，尤其为行动不便的老人带去更多便利。

图6　直播间设计前后对比图

在打造"云上社区"上，尚海郦景社区总结了如下经验：

一是"云上社区"建设要"两条腿走路"。一方面，依据空间层级建立社区、小区、楼栋的塔群结构，扩大覆盖面；另一方面，尊重"人以群分"的客观规律，以各类纽带分门别类建立专题社群，增强组织黏性。

二是"云上社区"建设不能"一建了之"。尚海郦景社区建立的"云上社群"活跃度高，主要经验在于社群紧密结合居民需要，功能性强、管理完善，能充分发挥党员的模范作用。

三是"云上社区"建设要立足本地，不能贪大求全。尚海郦景社区建设的"云上社群"采取了"实房制"等措施，通过邻里的"熟悉感"打破了"陌生人社会"的"戒备心"，是社群活跃度高、黏性强的重要原因。

"云上社区"不仅提升了线上组织的覆盖面和黏性，而且实现了项目孵化、骨干凝聚、线下组织拓展等多重功效。与此同时，线下的工作创新也促进了"云上社区"的健康发展，形成了良性循环，为信息化、数字化时代老年友好社区建设探索提供了有益可行的路径。

（报送单位：浦东新区洋泾街道尚海郦景社区）

专家评析

尚海郦景积极探索，通过一个小小的手机，利用大家熟悉的微信群功能，通过五步法建立"云上社区"，将为老服务做进网络社群，整合多方资源，线上线下联动，加强合作互助，在"候鸟老人"多、充满陌生感的新型高档社区建设老年友好型社区中找到了一条有为、能为、善为的有效路径。同时，利用各方力量定期为老年人提供数字化应用培训，有效消除了老年人的"数字鸿沟"，让老年人更好地融入现代化、数字化、信息化社会,有效激发了老年人参与社交和社区事务的积极性,解决了老年流动人口社交圈狭窄、缺乏朋友、内心孤独等问题,让老年人充分参与社区管理、社区服务,实现"老有所为"。

辛照华

浦东新区凌桥社区卫生服务中心　主任

"社区众筹"金点子:开启社区为老服务全新模式

上海市松江区车墩镇祥东社区是21世纪初由车墩镇政府一次规划并分期实施的第一个大型农民动迁安置小区,于2005年建成,总建筑面积达24.5万平方米,现有公寓、小户型、别墅、商业门店,共2 102套房,总人口为7 132人。其中,60周岁以上老年人有1 019人,约占总人口的14.3%。随着社会的不断发展,祥东社区人口老龄化趋势日益明显,社区老年群体已呈现基数大、增速快、独居多、年龄大等特点。

一、背景与动因

2005年建成的祥东小区已步入"老旧社区"行列,硬件设备不够完善一直是动迁安置房的弱项,且由于历史原因,10多年来小区一直未成立业委会,无法动用公共维修基金建设公共设施。随着城市发展和居民生活水平的提高,逐渐暴露出一些问题,如基础设施老化、公共服务不足、安全隐患突出等。此外,社区人员构成比较复杂,除了农村的拆迁户以外,还有不少新上海人和外来务工人员,因各自作息、生活习惯不同等原因,大多素昧平生,邻里互动较少。

为了改善社区基础设施和环境面貌,提升为老服务水平,祥东社区以"幸福祥东·全龄友好·全龄服务"为服务理念,紧紧围绕"众筹共建"+"自治共享"理念,问需于民,通过上门征询、社群沟通、居民议事会等多种形式了解老年群体对美好家园的期盼:更优质的公共服务、更有序的公共管理、更深入的治理参与、更丰富的精神文化、更融合的邻里亲情、更美好的社区家园。这也是"祥家人"共同的愿景,也是人民对美好生活、美好社区的向往。

在了解了社区愿景的基础上，后续愿景的逐步实现至关重要。首先，社区致力于改善基础设施、居住环境面貌，提升为老服务水平，使居家养老成为可行项。对此，社区在收集民意的基础上，分析研究、明确思路，精准立足辖区老年人的特点，围绕老年群体的实际需求，充分利用协商议事平台，创新社区治理模式。在经过多番议事协商后，全面开启"社区众筹"新路径，采取上级政府支持扶助、共建单位积极助力、居民自治创新亮点，持续推进"小而精、小而美、小而适用"的社区微更新项目，在加强各类服务设施功能衔接和整合的同时，提升社区环境，完善基础设施，建设老年宜居环境。

二、举措与机制

祥东社区通过调查研究了解社区愿景，创新社区众筹举措，有计划、有步骤地推进为老服务工作。

（一）社区众筹举措

居委认真剖析小区治理的优势和薄弱环节，以党建引领统揽，啃硬骨头、下深水，让居民在老旧小区治理中"唱主角"，从"要我改"转变为"我要改"。每一次众筹项目都会经历调查研究、项目征询、制订方案、众筹资金、实施项目、公开监督等流程，全过程透明公开，有意见及时收集，并将所有资金的使用进行公示，并张榜表扬捐款人。"社区众筹"的项目通常与居民的生活密切相关，如改善社区环境、建设公共设施等。社区鼓励居民积极参与，不仅可以通过捐款支持项目，还可以通过鼓励居民参与项目的策划、实施和监督等环节。"社区众筹"可以增强社区凝聚力，可以让居民为一个共同目标而努力，扎实推进小区治理各项工作的落实，提高社区发展水平和居民生活质量，不断增强居民的满意度与幸福感。

2020—2023年，社区众筹资金25万余元，在社区建设了2个休闲长廊、2 处"花语祥园"社区小花园、1 个"家门口的篮球场"、1 个滑滑梯以及楼道"迷你小花园"和社区微景观等室外休闲阵地，为老年群体营造绿色居住环境、提供室外活动和放松休闲场所创造了条件。

图 1　法治长廊

图 2　党史学习教育长廊

图 3　花语祥园

图 4　迷你小花园

图 5　社区儿童活动区

图 6　社区微景观

（二）党群睦邻角既为居民遮风挡雨又提高社区自治水平

2020年因新冠疫情暴发，社区所有活动室全部关闭，老年人常常搬着小板凳随意坐在小区内，没有合适的室外集中点。为了让老年人拥有规模较大的室外活动空间，社区发动党员、群众和共建单位众筹58 000余元，在社区三期一块无人问津的小荒地上建设了20米长的"党群睦邻角"休闲长廊，融入了法治宣传氛围，同时在周边增加了10

图7　健身器材　　　　　　　　　图8　休闲长廊

图9　"党群睦邻角"众筹公示

件健身器材，供居民使用。"党群睦邻角"的建成，让社区老年人自此拥有了一处休闲的好去处，不少老年人都为此感到开心。"党群睦邻角"是祥东社区自治项目的第一次尝试，无形中增强了居民在社区治理中的参与感，更多居民从"台下观众"成为"台上演员"，在自治过程中也缓和了邻里矛盾。

（三）"党群睦邻小港湾"有效融合社区党员群众

社区三期的休闲长廊让一期的老年人好生羡慕，后者希望能在一期建设类似的长廊。于是在2021年，社区结合"我为群众办实事"实践活动，再次发动众筹，大家以力所能及的方式踊跃参与，捐款从一两百元至三五百元不等，更有共建单位捐款一两千元，以实际行动表达了对"党群睦邻小港湾"项目的大力支持。在短短半个月时间内筹得89 747元，包括个人和单位的共计254笔款项，在社区一期打造了20米长的木制廊亭和儿童滑滑梯。社区以打造党史文化长廊的方式在廊内嵌入"党史"知识宣传，将红色教育的课堂搬到了室外，邀请社区抗美援朝老兵徐补林同志和抗美援越退伍老兵陈树林同志在长廊为居民讲述当年

图10 党史文化长廊

图11　"党群睦邻小港湾"众筹公示

浴血奋战的经历。社区通过自治共治,完善基础设施,改善社区环境面貌,有效融合社区党员群众,使社区治理模式更加人性化、亲民化。在践行"人民城市人民建,人民城市为人民"的过程中,更加凸显家园"主人翁"的参与意识。

(四)以体育设施建设为契机实现代际融合

2022年,为了让社区居民真正认识到体育运动对学习、工作、生活的积极作用,社区就建设篮球场的计划与镇文体中心进行了协商。镇文体中心随即向区体育局沟通汇报,并邀请专业的体育场地建设专家进行初步改建方案的制订。该项目被列入了2022年度镇体育设施改扩建总体计划。因年度预算经费有限,

图12　篮球场

项目经费拟由镇文体中心承担70%，预算14万元；社区负责自筹30%，预算6万元。自筹倡议书发出后，仅三天半，社区就收到了190条捐赠信息，捐赠总金额达到了62 500元。最终，在小区大门口建成了"家门口的篮球场"。随后，为了确保居民健身锻炼时的人身安全，社区又众筹了18 225元，在篮球场增加照明和监控设施。在这里，社区开设了8个青少年篮球公益培训班，多达160名青少年从中受益。

图13　"篮球场"众筹公示

图14　"篮球场照明和监控"众筹公示

（五）打造社区"花语祥园"，探索"自下而上"的社区治理新模式

2023年，由于不少老年人在小区的公共绿地上种菜，原先种植的绿植不断被破坏。此外，许多草坪还因长期疏于管理养护，黄土裸露现象严重。为做好社区治理工作，改善社区环境并推动社区经济发展、文化繁荣，社区探索出一种"自下而上"的社区治理新模式。社区结合自身特点，组织发动社区广大党员、居民群众，通过众筹、捐款、捐物等形式，累计收到的捐赠资金和各类捐赠物资总价值约4.5万元，用以打造社区"花语祥园"。

在城市社区中，寻一个角落，约上几个邻居，种下一些种子，打造一个花园，让散落在社区的陌生人走到一起，共同规划营造社区，达成共识，让居民在参与中建立邻里感情、获得成就感，在让家园更美好的同时获得归属感。

三、创新与成效

祥东社区紧紧围绕"幸福祥东·全龄友好·全龄服务"党建品牌理念，通过"社区众筹"的方式，打造一个个"小而精、小而美、小而适用"的微更新项目，使一个老旧动迁社区"破茧成蝶"，成为幸福和谐、美丽宜居的新家园。祥东社区在践行"人民城市人民建，人民城市为人民"理念的过程中，顺应了人民对美好生活的新期待，基本满足了老年人在休闲娱乐、社交、社会参与、绿色居住环境等方面的需求，为老年人营造舒适、温馨、幸福的居住环境。

（一）注重基础设施打造，让老年人居有所安

在基础设施方面，通过打造集社区食堂、卫生室、党群睦邻客厅、老年活动室、智能健康驿站、睦邻茶室、农家书屋、舞蹈室、园艺工作室、乒乓活动室等多元化服务于一体的活动场所，为社区老年人提供心理咨询服务、法律援助、免费理发、健康检测等服务。近年来，祥东社区还建成口袋公园、650米休闲步道、4个健身点等活动空间；同时加装小区大

图15 加装无障碍扶手

图16 休闲步道

门口人脸识别门禁、增加消防喷淋、高清监控探头（150个）、高空抛物探头（86个）、楼道无障碍设施（156个）、休闲椅（52个）、改建机动车停车库（3个）、增加机动车停车位（220个）、为纯老年家庭安装烟感报警及家庭监控（42户）、家庭适老化改造（6户），推动"传统人防"转向"智能技防"，尽力消除老年人生活中的安全隐患，让老年人居有所安。

（二）紧扣"老有所学，老有所乐"，丰富精神文化

在精神文化方面，祥东社区联动车墩镇老年学校、镇文体所等单位，精准立足辖区老年人的特点和需求，紧扣"老有所学，老有所乐"主线，成立了"俏夕阳"戏剧沙龙团队、"老来乐"合唱团队、"祥之韵"舞蹈团队、"晚霞童心"丝网版画学习小组、祥东门球队、太极拳团队、手杖操团队、"花语祥园"园艺小组、"沈夕涵"律师沙龙、健康自我管理小组等文体社团，在增强老年人社交能力和幸福感的同时，展现新时代老年人的精神风貌。另外，通过邀请车墩丝网版画非遗文化走进社区，

为社区内轻度失能失智、残疾、慢性病患者等特殊老年群体开设"晚霞童心"丝网版画学习小组,组织开展丝网版画学习参观、绘画印刷等小组活动,在传承非遗文化的同时,让老年人保持身心健康。社区内的两位上海书法协会的老师为社区小朋友开设书法班,通过代际传承链接邻里亲情。社区还通过开展各种老年教育培训活动,如智能手机培训、养生知识讲座等,帮助老年人提升自身文化素养,适应新时代的需求。

图17　祥之韵舞蹈队

图18　门球队

图19　丝网版画学习小组

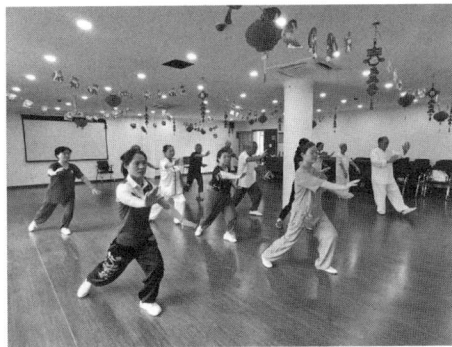

图20　太极拳团队

(三) 注重医疗养护,让关爱服务落实到家家户户

在医疗养护方面,为让更多老人足不出户便可享受优质医疗服务,社区针对弱势老人(如轻度失能、失智和慢性病高血压、糖尿病患者)建立三级管理机制:第一级为社区智慧健康驿站,进行病情早期排摸、

监测和干预；第二级为社区卫生室，由专职医生为老年患者提供医疗指导；第三级为镇卫生服务中心，为老年患者开展心理、中医、康复等医疗服务。三级管理机制旨在为老年人提供优质健康的服务，确保他们病有所医、病有优医。社区老年协会建立的"老伙伴"志愿服务队，定期开展助老爱老帮扶活动，与社区81位独居老人结对服务，每周上门或电话访问结对对象，让关爱老年人服务真正落实到家家户户。

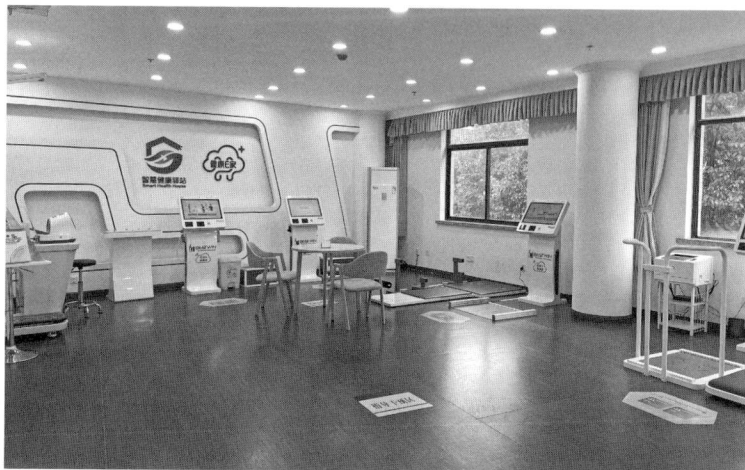

图21　健康驿站

图22　"老伙伴"志愿者团队

　　"社区众筹"的开展,为社区老年人建立了良好的社交平台,通过参加社交活动,促进代际互动,降低老年人孤独感和社会隔绝风险,促进其身心健康。在参与"社区众筹"活动的过程中,社区老年人的"主人翁"意识被不断激发,他们有了发挥自身的专长和技能的平台,从吐槽者、旁观者转变为献策者、参与者,获得了价值感和成就感,实现了老年群体自治。社区邻里间的相互信任和支持也大幅度提升了老年人的获得感、幸福感和安全感,让每位社区老年人都能在家门口享受有高质量的晚年生活。社区工作人员在走访过程中了解到90%以上的老年人对社区的满意度较高,且呈现在多方面,包括生活便利性、社区安全、社交环境、健康服务、休闲娱乐、教育学习和心理关怀等。

四、启示与展望

　　进入新时代,人民对美好生活的需求层次不断拓宽,不仅对物质文化生活提出了更高的要求,而且在民主、法治、公平、正义、安全、环境等方面的要求日益增长。社区应始终以人为本,把主要的精力都用在让老百姓过好日子上,扎实推进老年友好型社区工作,继续发扬"善于学习、勇于创新、乐于奉献"的为老服务精神,通过搭建完善的智慧养老服务平台,及时掌握辖区内老年人的需求。加大宣传服务力度,真正做到态度上重视、精神上关怀、生活上照顾,积极开展各种有益于老年人身心健康的服务活动和兴趣学习小组,让其老有所居、老有所养、老有所乐、老有所学、老有所为,强化社区、家庭、邻里之间的情感链接,共同实现美好生活。

　　"社区众筹"在社区治理方面是一种新型的筹资方式,具有较强的创新性,为社区的发展提供了新的思路和方法,有助于提升社区的整体品质。"社区众筹"能够整合社区资源,充分利用社交新媒体和人际网络,通过线上线下的互动,调动社区居民的积极性,让更多的居民关注并参与不同的项目,从而提高项目的知名度、影响力和资源利用效率，培养社区居民的参与意识和自治能力，为社区可持续发展奠定了基础。

（报送单位：松江区车墩镇祥东社区）

专家评析

　　祥东社区属于农民动迁安置小区，是融合了新上海人和外来务工人员的混合社区。社区居民大多素昧平生，邻里互动性不足。祥东以社区众筹的方式撬动社区自治，并以此改善老年人的居住环境是本案例的最大特色。首先，"社区众筹"的价值体现在充分挖掘和整合社区资源。通过居民的广泛参与和互助合作，促进资源的合理分配和互利共享，并促进社区内部的和谐与稳定。其次，"社区众筹"有效地提升了居民的自治意识和能力。通过实际参与项目，不仅有助于培养居民的社会责任感和成就感，还为社区服务的可持续发展奠定了坚实的基础。此外，"社区众筹"还为社区老年人搭建了良好的社交平台。通过增加社交活动和促进代际交流，有效降低老年人的孤独感和社会隔绝风险，对促进其身心健康具有积极意义。

苏忠鑫

复旦大学人口与发展政策研究中心　主任助理

聚焦"适老""融合"两大服务，
助推友好型社区更有温度

金水苑社区是金海街道首个动迁安置小区，小区东至汇丰东路，西至嘉园路，南至东方美谷大道，北至广丰路，占地面积达18.3万平方米，拥有住户1 608户，常住居民4 100多人。随着居民的不断入住，小区老龄化程度也日渐加深，60周岁及以上老年人有736人，约占常住总人口的18%。金水苑社区以"以人民为中心，服务群众零距离"为工作理念，根据问题和需求，摸索出一套"三融"工作法——"融汇""融入""融合"，充分发动老年志愿者队伍，打造"港湾式"缘聚空间睦邻坊，依托"居民自治家园"平台，围绕居民区公共事务，制定了"五步"议事法，引导新老居民参与基层民主协商，积极打造老年友好型生活圈。

一、背景与动因

金水苑小区因建设较早，很多硬件设施先天不足，如小区两个门口进出车辆均较多，道路狭窄，人车争行，给老年人的出行安全带来隐患；随着入住率的提高，小区老年人比例越来越高，对于生活品质和服务也有了更多的需求。同时，随着时间的推移和房屋频繁易主，小区居民主要以本地动迁的老年人及自购、租赁房屋的新居民两大类人群为主，两类人群因语言和生活习惯存在差异，曾多次发生"摩擦"。如何促进新老居民融合，在尊重各自生活习惯的基础上，提升社区凝聚力，成为社区治理最大难题。

二、举措与机制

金水苑党支部从零开始摸索出一条"三融"工作法，致力于让居民从"你我"变成"我们"，打造"熟人社区"。

（一）以"三融"工作法，打造适老"熟人社区"

以缘聚空间和趣缘活动助力居民"融汇"，通过打造"港湾式"缘聚空间睦邻坊，开展"楼栋话家常"邻里课堂、"匠心漫作"变废为宝等活动，让新老居民走出家门、走近邻里；以组织建设和团队建设助推居民相互"融入"，招募了一批新居民党员志愿者，开展"我来上堂课"党建活动，定期邀请新居民党员参加座谈会，听取意见和建议。发动新居民党员加入业委会，抓牢"关键少数"，依法有序开展业主自治。积极挖掘和培育新老居民骨干，组建起了由新居民组成的楼组长队伍和"新星"志愿者团队，发挥辐射带动作用，引领身边人参加治安巡防、"阳光关爱"等志愿服务。以民主议事和自治项目实现"融合"，在"适老"改造上取得了显著成效。

1. 改善老年人的居住环境

随着小区老年人的比例越来越高，他们对于生活品质和服务也有了更多的需求，社区积极开展了一系列民生改造工程，如新增扶手、晾晒架，新建健身步道、停车库消防喷淋系统等，提升老年人的生活便利性。另外，社区也特别关注孤寡老人和残障人员等弱势群体，建立特殊人群登记表，为他们检查用气用电安全，为小区独居老人安装烟感报警器，并积极落实各类帮扶措施。结合小区的实际情况，改善很多硬件设

图 1　改造后的小区环境

施上的先天不足，如为消除老年居民出行的安全隐患，通过拆建并举，对小区主次干道和大门进行了改造拓宽，更换路灯，并在小区公共活动区域增设了200张休闲长椅，为老年居民提供休憩便利。经过改造，小区的道路变得宽敞平坦，居民出行更加安全便捷。此外，金水苑的健身步道在区体育局的评选中被评为"十佳最美步道"。

2. 提升为老年人服务的质量

社区现有90岁以上老人22人，80岁以上135人。社区每周面向高龄老人开展便民服务活动，邻帮邻志愿者定期上门为老人提供帮助，并在重大节日开展慰问活动。在健康维护方面，社区每月开展健康讲座，并在生活驿站健康小屋组织各类健康监测活动。此外，社区还定期为社区4名残疾人、2名优抚对象、14名退役军人、7名现役军人家属、2名老年遗体捐献者等提供慰问服务，营造出尊老、爱老、助老的良好氛围。

3. 扩大老年人的社会参与

金水苑社区积极鼓励老年人参与社区建设和社会活动，建立了一支稳定的注册志愿者队伍，以小区独居纯老家庭、弱势群体等为服务对象，组织多种形式的志愿服务活动。例如，"相约10号"、邻帮邻、社区党员清洁家园、义务巡逻、义诊、慰问演出、消防知识、法治宣传等一系列志愿服务活动。这些活动不仅丰富了老年人的生活，还增强了社区的凝聚力。结合小区网格与新居民网格工作，发挥骨干引领作用，将网

图2　老年人志愿者服务

格内的老劳模、老干部、老党员、在职党员、乡贤等优秀骨干集中起来，认领小区"家务"，不断促进新老居民融合，增强居民的主人翁意识。

4. 丰富老年人的精神文化生活

在丰富老年人的精神文化生活方面，金水苑社区采取了多种措施。首先，以"睦邻党建""居民自治"为抓手，每月选定不同的活动主题，如"一起来摆摊　共筑美好生活"，"幸福睦邻情　欢乐纳凉夜"，"花好月圆赞祖国　百姓集市万事兴"等。这些活动旨在弘扬邻里情、邻里乐、邻里助和邻里颂，营造出一种"关门一小家，开门一大家"的新型邻里关系。此外，社区还积极推进小区文化建设，通过播放公益数字电影、结合"我们的节日"活动，开展各类为老特色活动、文艺演出等，以丰富居民的业余文化生活。

5. 提高为老服务的科技化水平

金水苑社区致力于打造一个"全人群、全方位、全周期"的智慧养老服务模式，金水苑社区结合智慧社区试点和智慧养老平台工作，为部分患有急性或慢性病的老人配备了智能手环。这些智能手环不仅能够实时定位老年人的位置，还能监控老年人的健康状况和活动数据。服务中心、服务商、服务人员"三驾马车"并驾齐驱，为老人及其家属进行智慧养老服务对接，致力于打造"全人群、全方位、全周期"的智慧养老服务模式。

（二）运用"五步议事法"，拉近邻里情

金水苑社区由于历史原因，居民构成复杂，治理难度较大。金水苑居委坚持党建引领、多方参与，探索"五步议事法"，书写老旧动迁社区蝶变的"新答卷"。

金水苑居委通过"五步议事法"，开创了构成主体广泛、内容丰富、形式多样的议事协商新局面，激发居民参与社区治理的"主人翁"意识。为提升基层治理水平，定期组织召开楼组长和居民代表会议，居委工作人员全部进入134个楼道的楼道群，倾听居民的心声，做到居民有所呼、居委有所应。

一是倾听民意，真诚"听事"。为了进一步了解社情民意，居委工作人员每周在固定时间深入楼道、走访居民，了解群众诉求，面对面听取居民意见，及时反馈搬离进度，力求给居民一个满意的答复。

二是多方恳谈出主意，广纳民智，民主"议事"。居委在具体的事中找代表，找发言人，在用心做事中发现人、团结人、凝聚人，汇集楼组长和居民代表组成智囊团，广纳群言，广集民智，共同讨论小区各项事宜，推动社区各项工作提质增效、落细落实。

三是议事小组拟方案，排忧解难，分类"谋事"。"群众事无小事。"金水苑居委对收集的群众诉求进行分类、整理，根据不同议题，邀请相关职能部门开启"头脑风暴"，结合居民意见和专业建议，形成具有可行性的解决方案，实行一事一议、一议一决。

四是张榜公示征意见，强化管理，公开"评事"。为提升社区服务水平，让社区居民享受到更高效、更精准的贴心服务，居委每完成一个项目，都在社区公示栏及时公示项目情况，并召开座谈会广泛听取社区居民对该项目的意见，虚心接受批评和合理建议，并加以改正。

五是居民代表说了算，促进和谐，监督"干事"。为进一步强化社区民主监督和居民自治，金水苑居委选聘群众公信力好的居民，参与小区项目的全过程流程，积极动员社区居民参与监督民生项目，保障群众的监督权，提高居民对民生工作的知晓率和满意度。

社区治理的主体是居民。"五步议事法"有利于激发金水苑社区居民主动担负起社区治理的责任，共同打造美好社区，拉近邻里情，让居民对社区更有认同感、归属感。协商议事成果的落实，带动更多居民自愿参与小区治理，最大范围、最大限度地激活社区治理效能。

为了打破"陌邻"格局，促进新老居民融合。社区党支部让新老居民走出家门、走进社区、走近邻里，实现物理空间上的联动。在参与多次活动后，新老居民间的交流更多了，但只是空间上的吸引还不够，离陌邻变睦邻的目标仍然存在差距。

　　社区居委在深入社区走访后发现，新老居民中不少人拥有共同的兴趣爱好，为此积极培育和发挥"社区领袖""草根组织"的作用，以兴趣爱好作为黏合剂，引导新老居民组建"布艺班""沪剧班""太极拳"等社团，以趣缘先凝聚一部分新老居民，年内定期开展活动，年末组织汇报演出，使他们在各种社团活动中加深了解，增进情谊。一部分新老居民也加入新的社团，打开了新的社交圈。兴趣社团的组建，一定程度上缓解了融合难的问题。然而，大部分新老居民兴趣迥异，倾向于抱团取暖，兴趣社团内部融合度高，但社团间的融合度差，如何实现新老社团间的融合，成为又一难题。

　　在针对问题多方调研、听取意见后，"百姓集市"应运而生。这个由居民提出、居民组织、居民参与的自治项目一经推出，就深受居民的喜爱。"百姓集市"每月都会选定不同的活动主题，极大地丰富了居民的业余文化生活。在集市上，居民可以交换自家闲置的物品，变废为宝，主动投入低碳环保的新生活方式，还会有理发、磨剪刀等便民服务以及非遗糖画体验等活动。这些摆摊的"摊主"不仅仅是小区的居民，还有辖区内优质的农业合作社、爱心组织等。摆摊类型也根据居民的建议与需求不断改变，如今已涵盖了以物换物、农副产品低价销售、非遗体验、便民服务、公益摄影、知识宣传等种类。

　　家住74号的X阿姨爱好戏曲，每天都在收音机上收听曲艺节目，但隔壁的Y阿姨家却不喜欢，认为X阿姨的爱好打扰了自家的生活，邻里间的矛盾几乎"一触即发"。但在"百姓集市"的相遇并聊过家常后，让Y阿姨感受到了曲艺的魅力，也让X阿姨了解到了Y阿姨家的特殊情况。于是两家人各退一步，互相理解和帮助，最终实现"关门一小家，开门一大家"。

　　"百姓集市"不仅仅将X阿姨和Y阿姨两家人串联在了一起，还让无数新老居民也串联在了一起。集市上的不少团队是之前居民们组建的兴趣团队，他们展现自己的技艺，以兴趣爱好为抓手，邀请达人们一同参加"百姓集市"，充分发挥群众的主体作用，强化居民睦邻共生意

图3　葫芦丝社团

图4　"百姓集市"现场

识。现在"百姓集市"已经是金水苑社区自治活动的重要一环和金字招牌。"百姓集市"带来的群众基础成为社区后续自治活动开展的强大助力，让更多居民主动加入进来。

"布艺画"团队起初多为新居民，通过在"百姓集市"的几次惊艳亮相，吸引了许多老居民。注入新鲜血液的"布艺画"团队全员都参与了"围'蔷'花海"自治金项目，种植、施肥、养护、塑形300株蔷薇花，以美化小区环境。

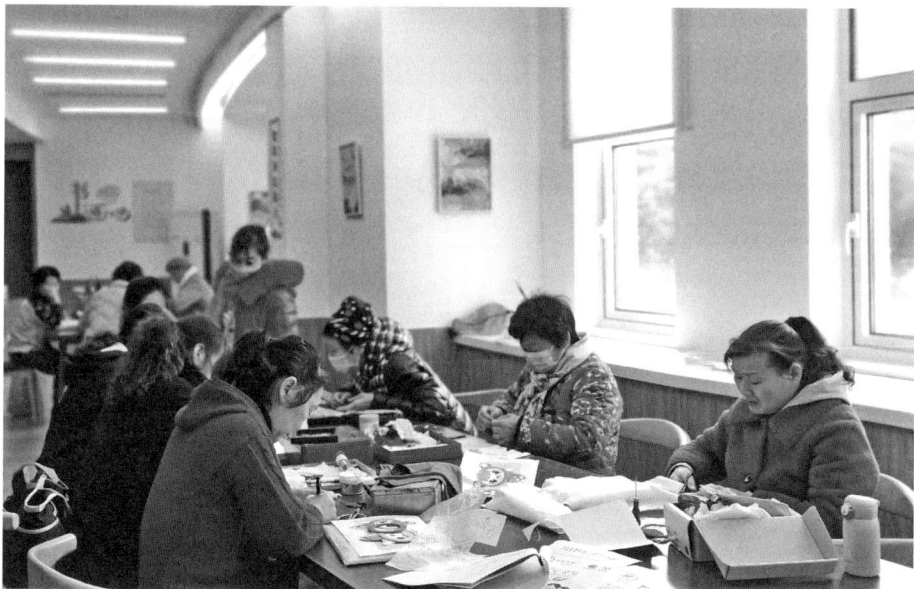

图5　布艺画班在制作布艺画

三、创新与成效

通过开展老年友好型社区创建活动，全方位提升社区服务能力和水平，积极探索特色为老服务，着力解决涉及老年人利益的热点问题，切实为老年人办实事，提升"享老"幸福质量。

（一）通过"三融"工作法，极大地提升了社区居民的满意度

在先后2次问卷调查和入户调查中，无论是老年人，还是其他年龄

层次的居民,对社区生活的满意率均在90%以上。其中,92%的居民认为生活在本社区很幸福,96%的居民感到在就医、就餐等方面有了较大的改善,93%的老年人对社区多样化服务比较满意,还有85%的年轻人认为照顾老人的负担明显减轻。

通过"适老""融合"两大服务,社区努力营造老年人宜居的社会环境,构建"熟人社区",激发更多居民参与社区事务的热情,让各类项目和活动越来越有趣、越来越丰富,让更多的居民相识、相聚、相乐于多"彩"金水苑。

(二) 运用"五步议事法",激发了居民参与社区管理的热情

一是让居民充分参与社区管理。"布艺班""沪剧班""太极拳"等社团的组建,以及"围'蔷'花海""百姓集市"等都是在居民提出、居民组织、居民参与的情况下不断完善的,有效激活了社区治理效能。

二是促进了新老居民的融合。让新老居民走出家门、走进社区、走近邻里,实现物理空间上的联动,促进了金水苑社区居民主动担负起社区治理的责任,共同打造美好社区,拉近邻里情。

四、启示与展望

社区将继续按照人口老龄化国家战略的决策部署,推进老年友好社会建设的总体工作部署与要求,加强服务管理,开展为老服务活动,发挥"三社联动"社会组织的作用。居委班子成员以"换位思考"的态度,以"实"为首、以"真"为重、以"情"为本,努力营造良好的养老、孝老、敬老的社会环境。

(一) 关注老年人认知障碍风险

通过筛查发现金水苑存在认知症高中风险的老人有将近44人。作为金海街道认知障碍友好社区建设的延伸,接下来将通过现有的条件创设"金水苑记忆角",为社区老人提供一个温馨的健脑活动空间。

（二）因势利导，不断完善空间布局

结合小区美丽家园改造及河道改造两大市级项目，进一步改善老年人的居住环境，如在景观河道两岸滨水空间处增设滨水步道、休闲座椅，在生活驿站南面增设景观游廊，为老年人提供休憩、畅聊空间。

（报送单位：奉贤区金海街道金水苑社区）

专家评析

金水苑社区作为一个早期的拆迁小区，且小区居民主要是来自原本生活在农村的居民，环境和生活习惯的改变，对习惯熟人社会的农村居民特别是老年人来说，是较大的挑战。金水苑社区因势利导，在尊重居民原有生活习惯的同时，通过"三融"工作法，不断融合各类人群，努力打造睦邻友好的熟人社区，并积极鼓励居民参与社区管理，形成了"五步议事法"，让居民参与议事决事，极大地减少了邻里矛盾。通过"适老""融合"两大服务，社区努力营造老年人宜居的社会环境，构建"熟人社区"，激发更多居民参与社区事务的热情，打造有温度的老年友好社区。

金水苑社区始终重视文化因素，积极培育小区文化，以兴趣爱好作为黏合剂创建各类社团，举办各类活动，增进居民间的相互认同、相互理解，形成长久的邻里情。这些都是建立在社区工作者真心、真情服务的基础上，是居民们换位思考的结果。应该说，生活在这样的小区，居民是幸福的。

辛照华

浦东新区凌桥社区卫生服务中心　主任